marketing político e eleitoral:
uma analogia entre o mundo corporativo e a política

O selo DIALÓGICA da Editora InterSaberes faz referência às publicações que privilegiam uma linguagem na qual o autor dialoga com o leitor por meio de recursos textuais e visuais, o que torna o conteúdo muito mais dinâmico. São livros que criam um ambiente de interação com o leitor – seu universo cultural, social e de elaboração de conhecimentos –, possibilitando um real processo de interlocução para que a comunicação se efetive.

EDITORA
intersaberes

marketing político e eleitoral:
uma analogia entre o mundo corporativo e a política

2ª edição revista,
atualizada e ampliada

Achiles Batista Ferreira Junior

EDITORA intersaberes

Rua Clara Vendramin, 58 . Mossunguê
CEP 81200-170 . Curitiba . PR . Brasil
Fone: (41) 2106-4170
www.intersaberes.com
editora@editoraintersaberes.com.br

Conselho editorial Dr. Ivo José Both (presidente); Dr.ª Elena Godoy; Dr. Nelson Luís Dias; Dr. Neri dos Santos; Dr. Ulf Gregor Baranow
Editora-chefe Lindsay Azambuja
Supervisora editorial Ariadne Nunes Wenger
Analista editorial Ariel Martins
Preparação de originais Lucas Cordeiro
Capa Sílvio Gabriel Spannenberg
Projeto gráfico Bruno Palma e Silva
Iconografia Vanessa Plugiti Pereira

Dados Internacionais de Catalogação na Publicação (CIP)
(Câmara Brasileira do Livro, SP, Brasil)

Ferreira Junior, Achiles Batista
Marketing político e eleitoral: uma analogia entre o mundo corporativo e a política/Achiles Batista Ferreira Junior. – 2. ed. rev., atual. e ampl. – Curitiba: InterSaberes, 2015. – (Série Marketing Ponto a Ponto).

Bibliografia.
ISBN 978-85-443-0192-0

1. Brasil – Política e governo 2. Campanhas eleitorais – Brasil 3. Comunicação na política – Brasil 4. Eleições – Brasil 5. Eleições – Brasil – Marketing 6. Planejamento estratégico – Brasil I. Título. II. Série.

15-01265   CDD-324.70981

Índices para catálogo sistemático:

1. Brasil: Campanhas eleitorais: Ciência política 324.70981
2. Brasil: Marketing eleitoral: Ciência política 324.70981

1ª edição, 2012.
2ª edição, 2015.

Foi feito o depósito legal.

Informamos que é de inteira responsabilidade do autor a emissão de conceitos.

Nenhuma parte desta publicação poderá ser reproduzida por qualquer meio ou forma sem a prévia autorização da Editora InterSaberes.

A violação dos direitos autorais é crime estabelecido na Lei n. 9.610/1998 e punido pelo art. 184 do Código Penal.

sumário

agradecimentos, 7
prefácio por Alvaro Dias, 11
prefácio por Sergio Souza, 13
prefácio por Vanessa Aparecida de Souza Fontana, 15
apresentação, 19
como aproveitar ao máximo este livro, 23

capítulo 1
conceitos e evolução do mercado político
27

Uma breve introdução ao mundo da comunicação, 35
Origens e evolução do marketing, 46
A história do marketing eleitoral, 57
A prática do marketing político e eleitoral, 65

capítulo 2
mercadologia e variáveis do marketing brasileiro
81

O conceito AIDAS, 83
O marketing em ação, 85
O papel da mercadologia no contexto político, 92
Mercado consumidor e mercado eleitoral, 106

capítulo 3
planejamento de marketing no mercado eleitoral
123

O planejamento estratégico no marketing político, 125

Orçamento e equipe estratégica, 136

Estratégias de campanha, 146

O marketing político no período pós-eleição, 150

capítulo 4
os quatro eixos do marketing eleitoral
159

Tipologia de marketing, 160

A pesquisa eleitoral, 165

A capacidade de comunicar, articular e mobilizar, 174

Cases, 185

capítulo 5
campanhas eleitorais históricas
217

O marketing político da era Collor, 219

O marketing político do Presidente Fernando Henrique Cardoso, 227

O marketing político nas eleições presidenciais de 2002, 230

As epidemias que afligem as eleições, 242

para concluir..., 251

consultando a legislação, 257

referências, 271

apêndice 1, 279

apêndice 2, 283

anexo, 289

respostas, 293

sobre o autor, 297

agradecimentos

Agradeço primeiramente a Deus, aos meus familiares, pelos ensinamentos de vida, valores e exemplos, e à minha grande companheira de vida, Kantsi Sgarbi, que com sua enorme paciência e compreensão soube administrar a falta da minha. Dedico esta obra ao meu filho João Victor e à pequena princesa Betina, que são as minhas inspirações diárias para eu continuar tentando deixar um legado único a fim de que tenham orgulho do nome do pai. Em especial, um agradecimento em memória de meu pai, Achiles Batista Ferreira, e de minha eterna rainha, minha mãe, Dona Diva, mãe que fez todo o esforço do mundo para garantir a continuidade da educação de seus filhos e que continua guiando meus passos lá de cima.

Outrossim, agradeço aos mentores e mestres, os quais, de alguma forma, fizeram parte da minha vida e serviram de inspiração para este estudo. Entre estes, destaco alguns verdadeiros heróis da vida, cada qual na sua área: Dorival Batista Mores, Orlando Pessuti, Valsir Sgarbi, Bruno Pessuti, Pier Petruzziello, Ney Leprevost, Álvaro Fernandes Dias, Irondi Pugliesi, Dirceu Moreira, Edson Fezer, Jorge Bernardi, Sergio Souza, Roberto Ângelo de Siqueira, Sergio Centa, Wilson Picler, professor Paulo Maia e Paulo Maia Junior, pessoas que, direta ou indiretamente, tiveram grande participação em minha formação profissional e em meu caráter. Não posso deixar de mencionar, obviamente, a professora Sandra Regina Klippel, Lindsay Azambuja da Silva e os excelentes profissionais da Editora InterSaberes, Ariadne Patrícia Nunes Wenger e Fernando Araya Parzych, pela paciência e dedicação na revisão desta obra.

Toda longa caminhada começa com o primeiro passo.

Lao-Tsé

prefácio

por Alvaro Dias[1]

A obra *Marketing político e eleitoral: uma analogia entre o mundo corporativo e a política*, do professor Achiles Batista Ferreira Junior, é um manual indispensável para todos aqueles que pretendem compreender os contornos e as especificidades das ações estrategicamente planejadas do marketing político e eleitoral. As incursões ao tema conduzidas pelo competente especialista nos trazem assertividade com relação às vantagens advindas do planejamento de marketing como um instrumento determinante para o sucesso de uma campanha eleitoral e de uma trajetória política.

Em uma linguagem fluida, o autor nos situa numa moldura didática sobre os conceitos referentes às concepções históricas que se seguem às diversas definições concebidas sobre planejamento e marketing, passando em revista casos concretos vivenciados em eleições pretéritas.

O amplo escopo da obra nos proporciona uma reflexão

---

[1] Senador da República

sobre as tendências de um mercado intrincado, sua profissionalização e uma visão direcionada às técnicas e vantagens do planejamento e da utilização do marketing em campanhas eleitorais.

O especialista nos mostra que, rotineiramente, defrontamo-nos com mudanças decorrentes das transformações não só nos setores econômicos e políticos, mas também, e principalmente, nos sociais e culturais. E, como ele ressalta, essas mudanças constantes remetem à necessidade de repensar cada momento do processo eleitoral, seja no âmbito regional, nacional ou internacional, observando sempre as questões do entorno pertinentes ao processo.

Achiles Batista Ferreira Junior – que tem MBA em Marketing Empresarial e em Administração Pública e Gerência de cidades, especialização em Educação Tecnológica, Novas Mídias, Metodologia do Ensino Superior, Formação de Docentes EaD, além de ser mestre em Gestão de Negócios, consultor de empresas, professor e doutorando – conseguiu traduzir a sua versátil obra em uma linguagem que pode ser lida por gregos e troianos, não sendo um manual reservado aos iniciados no tema.

A leitura deste livro é obrigatória e garante uma profunda reflexão sobre os desafios da caminhada política e a dosagem ideal do marketing que, bem receitado e aplicado, pode fazer a diferença e garantir o sucesso de uma campanha.

prefácio

por Sergio Souza[1]

A realidade com que nos deparamos atualmente evidencia que as eleições estão cada vez mais profissionalizadas. Observa-se que, em razão do fato de a maioria dos eleitores não ter tempo e muitas vezes interesse em buscar informações detalhadas sobre os candidatos, cabe ao candidato levar as informações até o cidadão, ou seja, vender seu produto, sua imagem. Em face da grande quantidade de informações durante o período eleitoral, é preciso inovar nesse contexto, buscando artifícios para que tais informações cumpram bem seu papel.

A inteligência do livro *Marketing político e eleitoral*, que trata de forma clara, didática e objetiva da analogia entre o mundo corporativo e a política, é vista justamente na comparação das técnicas de vendas do mercado tradicional com a propaganda eleitoral. Se é possível se utilizar do marketing para levar ao cidadão o conhecimento de que determinado produto ou serviço é

---

[1] Deputado Federal

bom e merece sua atenção, é de se presumir que no âmbito político o marketing é de suma importância para chamar atenção para as propostas de um candidato, coligação ou partido.

Sinto-me lisonjeado com o convite para escrever o prefácio deste livro, não somente pela qualidade e inteligência deste, mas também por conhecer e nutrir uma amizade sadia com o autor desde os tempos do "Sapecado", da tão querida Ivaiporã, nossa cidade natal. Achiles e eu migramos muito jovens do interior para a capital do Estado do Paraná, certos de nossos sonhos. Traçamos nossos objetivos e, assim, enfrentamos todos os desafios e as dificuldades para atingir nossa meta.

Lembro-me de conversas que tive com o Achiles durante esses anos de relacionamento, quando sempre falávamos sobre a importância de dar orgulho aos nossos pais. Isso sempre foi muito marcante para mim: tenho certeza de que os pais do autor, onde estiverem, estão orgulhosos do filho escritor e de grande coração. Espero poder dar esse mesmo orgulho aos meus pais em minha atuação parlamentar, agora como deputado federal. E hoje é um privilégio compartilhar deste momento com este meu irmão, que mistura seu conhecimentos tácitos e acadêmicos e nos ensina de forma surpreendente a comunicação eficaz entre candidato e eleitor.

Boa leitura!

prefácio

por Vanessa Aparecida de Souza Fontana[1]

O marketing político e eleitoral, como conhecimento, é um ciclo que não se completa, especialmente no Brasil. Afinal, a redemocratização trouxe um cenário de constantes mudanças no imaginário político e social brasileiro. As campanhas mudam constantemente a partir de dispositivos legais, em geral apresentados pelo Tribunal Superior Eleitoral (TSE). Então, as campanhas de marketing político e eleitoral no Brasil, como aponta o autor Achiles Batista Ferreira Junior, precisam ser cada vez mais criativas, dadas as seguidas restrições apontadas pela legislação, um desafio constante para aqueles que pensam e fazem as campanhas. Em virtude desses aspectos, trata-se de uma área de estudo fascinante e amplamente mutável.

O livro do professor Achiles Junior leva-nos a um interessante passeio pela história do marketing, com pitadas de inquietude que nos fazem não apenas ler o livro, mas viajar com leveza por temas que

[1] Professora doutora em Ciência Política

envolvem o cotidiano de todas as pessoas, pois todos são afetados de uma ou outra forma pelo marketing político. Seu livro desvenda aspectos que, como espectadores do processo, achávamos naturais, mas que, na verdade, não o são – mais uma riqueza da obra, que nos leva a pensar "puxa, nunca me dei conta disso".

Percebemos ao longo do livro que caraterísticas pessoais do autor, como a forte disposição pelo saber e o seu espírito inovador, revelam o curioso e controverso mundo do marketing num campo tão complexo como o político, a partir de comparações criativas e pontuais que prendem a atenção do leitor. As inquietações e os questionamentos abordados na obra também nos levam a refletir sobre o impacto do marketing político na vida das pessoas a partir do passo a passo de elaboração de uma campanha e dos aspectos que precisam ser considerados quando uma campanha política é elaborada.

Achiles Junior consegue explicar os fatos e curiosidades desconcertantes que envolvem a atividade do marketing, demonstrando como a teoria e a apresentação de *cases* nos auxiliam a compreender o mundo e as nossas escolhas políticas, bem como as intensamente debatidas pesquisas eleitorais, que em todas as eleições passam por mudanças na forma de divulgação, ao sabor de quem redige as leis – eis a complexidade que o profissional do marketing deve enfrentar para alcançar o sucesso.

Assim é o livro de Achiles: um voo fascinante pelo complexo campo da política e da construção do marketing político, tarefa muito bem enfrentada com a inteligência e o humor do autor.

Delicie-se com essa adorável leitura e quebre alguns paradigmas relacionados à política!

apresentação

Este livro é feito especialmente para você que, mesmo não tendo toda a simpatia do mundo pela política – e isso muitas vezes é bem compreensível, considerando-se o número de denúncias e informações negativas relacionadas a esse cenário –, sabe que não devemos perder a fé nessa área, mesmo em se tratando de um ambiente conturbado, e muito menos abandonar de vez o assunto, pois o que mais querem os maus políticos é que você não dê a devida atenção às atividades que eles desempenham. Posso afirmar com conhecimento de causa que temos muita gente boa nesse meio, mas elas são ofuscadas pelas notícias ruins geradas pelo segmento menos ético, digamos assim.

Lembre-se: você é eleitor em um país onde o voto é obrigatório. Isso faz com que você tenha contato direto com a prática do voto, pelo menos uma vez a cada dois anos, daí a necessidade de aprofundar-se no tema. Esta obra tem o objetivo de servir de base para os estudiosos da área política que pretendem alinhar-se às boas práticas aqui destacadas como exemplos a serem seguidos em suas carreiras públicas. Assim, apresenta de forma lúdica boa parte das ferramentas usadas na comunicação e no marketing a serviço da política e da eleição em si.

Para que você comece a fazer parte desse universo, partimos de algumas perguntas: O que determina nosso voto? Quais são os fatores que acabam por influir em nossa decisão na hora de escolhermos um vereador, um presidente? Todos os políticos são iguais? O que o marketing tem a ver com isso?

Desenvolvemos neste livro uma análise das vantagens do planejamento de marketing como um instrumento determinante para o sucesso de uma campanha eleitoral e de uma trajetória política, com destaque para o papel da comunicação na vida humana e, consequentemente, na política. Para tanto, apresentamos, nos primeiros dois capítulos, as concepções de marketing político e de marketing de negócios, destacando que este precede àquele, e ainda uma comparação entre marketing empresarial e marketing político.

Também são analisados casos em que o marketing político/eleitoral foi bastante malsucedido no âmbito de uma campanha. Ao longo dessa abordagem, apresentamos e descrevemos os conceitos principais que regem as concepções históricas que embasam as diversas definições concebidas sobre planejamento e marketing. Esse tema é abordado no terceiro capítulo e expandido no quarto. Na sequência, no último capítulo, examinamos casos autênticos, relembrando experiências de eleições passadas.

Esses conceitos e práticas, vistos sob aspectos generalizantes em um primeiro momento, evoluem, ainda no âmbito deste estudo, para a explanação das diferentes formas de marketing e de planejamento, destacando-se a utilização do marketing em campanhas eleitorais e sugerindo-se alternativas para esse uso. Nesse contexto, analisamos as vantagens da realização de um planejamento de marketing político/eleitoral como um instrumento facilitador para o sucesso de uma campanha eleitoral.

Para esse encadeamento entre teoria e prática, focalizamos determinados pontos considerados essenciais, como as diferentes formas de marketing político e comercial, o emprego do marketing em campanhas eleitorais e, por meio de estudos de caso, o planejamento de marketing político/eleitoral.

Logo, podemos afirmar que a importância desta obra está em refletir sobre as tendências do referido mercado, sobre a profissionalização de técnicas e sobre as vantagens do planejamento para a utilização do marketing em campanhas eleitorais, contexto no qual se inserem tanto cargos proporcionais como majoritários. O marketing pode ser considerado fator de influência no resultado final da eleição, sempre com base nas estratégias observadas no mundo corporativo tradicional, devidamente contextualizadas para as necessidades da área. Nesse sentido, justificamos nossa abordagem com campanhas eleitorais que definiram governantes, com a ressalva de que os *cases* apresentados têm caráter meramente ilustrativo e acadêmico e foram escolhidos entre vários por se destacarem no mundo competitivo da política, de modo geral positivamente.

Ressaltamos que a intenção não é influenciar a opinião pública em hipótese alguma.

O objetivo é realizar um estudo que contribua tanto para os candidatos que se preocupam em alcançar o maior número possível de eleitores quanto para os próprios eleitores, de modo que possam compreender mais profundamente as estratégias de seus candidatos e partidos políticos.

como aproveitar ao máximo este livro

Este livro traz alguns recursos que visam enriquecer o seu aprendizado, facilitar a compreensão dos conteúdos e tornar a leitura mais dinâmica. São ferramentas projetadas de acordo com a natureza dos temas que vamos examinar. Veja a seguir como esses recursos se encontram distribuídos no projeto gráfico da obra.

Conteúdos do capítulo

Logo na abertura do capítulo, você fica conhecendo os conteúdos que serão nele abordados.

Para saber mais

Você pode consultar as obras indicadas nesta seção para aprofundar sua aprendizagem.

Estudo de caso

Esta seção traz ao seu conhecimento situações que vão aproximar os conteúdos estudados de sua prática profissional.

Síntese

Você dispõe, ao final do capítulo, de uma síntese que traz os principais conceitos nele abordados.

Questões para revisão
Com estas atividades, você tem a possibilidade de rever os principais conceitos analisados. Ao final do livro, o autor disponibiliza as respostas às questões, a fim de que você possa verificar como está sua aprendizagem.

Consultando a legislação
Nesta seção você confere como se apresenta a fundamentação legal do assunto que estamos desenvolvendo no capítulo, em toda sua abrangência, para você consultar e se atualizar.

capítulo 1
conceitos e evolução do mercado político

Conteúdos do capítulo
» O mundo da comunicação.
» A evolução do marketing.
» Marketing eleitoral.
» Marketing digital.
» Marketing eleitoral e político.

Diariamente nos deparamos com mudanças decorrentes de transformações não só nos setores econômicos e políticos, mas também e principalmente nas áreas que englobam os setores sociais e culturais: são pessoas que mudam de residência e se veem obrigadas a adaptar-se a uma nova realidade, que mudam de emprego, que se casam, que se separam, que têm filhos, enfim, que vivenciam as mais variadas mudanças, as quais sofrem a influência direta do fator político, já que somos seres políticos e fazemos parte, gostando ou não, de uma sociedade envolvida com esse tema.

Essas mudanças constantes remetem à necessidade de repensar o momento do processo eleitoral em todos os âmbitos – regional, nacional ou internacional. A partir de agora, embarcaremos numa viagem pelo mundo corporativo e paralelamente pelo mundo político. Vamos juntos tentar elucidar questões que nos atingem de forma direta 24 horas por dia. Trataremos da expressão máxima dessas mudanças e seus impactos no dia a dia de contribuintes, consumidores, eleitores, enfim, de todos nós, cidadãos. Vamos começar com um caso muito conhecido mundialmente, um *case* amplamente abordado nas academias e em outros grupos sociais. Trata-se de um fato ocorrido em 2008 que remonta a uma mudança cultural em uma das maiores potências mundiais, os Estados Unidos da América, cujas ações sempre refletem no globo.

Estudo de caso
A campanha de Barack Obama

Nos idos de 2008, um desconhecido com sobrenome associado aos maiores inimigos dos EUA nas últimas décadas derrotou de forma heróica primeiramente a esposa de um dos mais populares presidentes da história norte-americana (Hillary Clinton) e, em seguida, um célebre herói de guerra (o Senador John McCain) para, assim, chegar à Casa Branca. Este é **Barack Hussein Obama II**, que foi eleito o quadragésimo quarto presidente dos EUA por meio de uma campanha eleitoral que se tornou um dos maiores *cases* de marketing da história.

O Presidente Barack Hussein Obama II (2008/2016), mais conhecido simplesmente como Obama, nasceu em 4 de agosto de 1961 em Honolulu, capital e cidade mais populosa do Estado norte-americano do Havaí, coincidindo em área com o Condado de Honolulu e ocupando toda a Ilha de Oahu, fundada em 1845. Seu caso exemplifica bem o novo perfil de como se fazer política em tempos de novas tecnologias e novos perfis de eleitores, acesso à informação e eleitorado cada vez mais politizado. Barack Obama utiliza as redes sociais de forma clara e eficiente e também de forma contínua, ou seja, não apenas em períodos eleitorais, com postagens constantes no Facebook® e no Twitter®, pulverizando nas redes sociais seus principais ideais e projetos de modo sistemático.

Crédito: Kabik/Retna Ltd./Corbis/Latinstock

Mas como ele e sua equipe conseguiram isso?

A campanha de Obama, de acordo com Frachetta (2009), sustentou-se em três pontos-chave: a imagem do candidato, a campanha *on-line* e a metodologia de arrecadação – lembrando que estamos citando o âmbito eleitoral americano, com suas regras e leis.

Tudo começou, segundo Frachetta (2009), pela **imagem de Barack Obama**, que já vinha sendo trabalhada bem antes de 2007, quando Obama oficializou sua candidatura. Os desafios eram muito grandes, pois, como já dissemos, Obama era um desconhecido com pouca experiência política e, além disso, filho de um pai negro e muçulmano. Obama passou parte da infância na Indonésia e admitiu em sua autobiografia que já havia experimentado maconha e cocaína.

Todos esses fatores poderiam pesar contra Obama, principalmente em um país com histórico de racismo e conservadorismo como os EUA, no entanto não atrapalharam sua ascensão. Ao contrário, alguns fatores até se tornaram pontos fortes, pois sua miscigenação (pai negro, mãe branca e padrasto asiático) o credenciava a falar com os diversos grupos étnicos existentes nos EUA. Mas não foi só isso: Obama dispõe de alguns atributos pessoais, como o carisma e a oratória, típicos dos grandes líderes. Em virtude disso, ele também conseguiu agradar os eleitores mais velhos, que o comparavam ao ex-presidente John Kennedy (Frachetta, 2009).

Contudo, havia um ponto fraco na imagem de Obama que precisava ser minimizado: sua pouca experiência política. Por essa razão, ele convidou o Senador Joseph Biden, um dos mais antigos integrantes do Congresso americano, para ser seu vice-presidente.

O lado pessoal de um candidato à presidência dos EUA, de acordo com Frachetta (2009), é de suma importância. Em virtude disso, seja ele quem for, tem de abrir as portas de sua casa para os eleitores. Se não o fizer, eles entram mesmo sem pedir. Por isso, até sua esposa, Michele Obama, envolveu-se fortemente na disputa: participou de eventos, deu entrevistas em programas de televisão e ajudou a angariar fundos para a campanha.

Esse esforço na construção da imagem de Obama resultou em uma aparente proximidade com os eleitores. Entretanto, essa proximidade precisava ser uma via de mão dupla, ou seja, os eleitores queriam se expressar de alguma forma e ser ouvidos por seu candidato, o que foi possível por meio da utilização de meios de comunicação e redes sociais *on-line*.

Isso nos leva ao segundo ponto-chave de sucesso dessa campanha. Qual foi, afinal, **a importância do meio *on-line*** para a campanha de Obama? Por que essa ferramenta foi tão fundamental? De acordo com Torres (2009), o grande mérito de Obama,

que mudou a forma de se fazer política no seu país, e mudará em todo o mundo, foi ficar atento à evolução dos meios de comunicação, das mídias e tecnologias, para usá-los, assim que fosse viável e necessário, ao seu favor, e mais importante, antes que seus concorrentes tivessem coragem de fazê-lo.

A estratégia de campanha *on-line* consistia em tentar a melhor comunicação possível com todos os nichos e criar um ambiente que favorecesse a **viralização**[1] da campanha, o que era uma tarefa de grande complexidade no contexto da realidade americana (Frachetta, 2009).

---

1 Viralização: ato ou efeito de viralizar, que significa "Espalhar(-se) de maneira a criar um efeito semelhante ao de um vírus. Confrontar: virilizar" (Viralizar, 2008-2013).

Sobre o *site* desenvolvido para a campanha de Obama, Frachetta (2009) nos conta que tinha a "finalidade de congregar todas as suas ferramentas online: MyBarackObama (rede social), BarackTV, blog, doações online, músicas, notícias, conteúdo personalizado por estado, conteúdo para celular, loja virtual, fotos, wallpapers, comunidades segmentadas, espaço para debates online, etc". Desenvolveram até um aplicativo para Iphone.

Essa integração conseguiu cumprir seu papel, pois houve uma uniformidade de linguagem e todas as ferramentas descritas foram utilizadas em sintonia. Além disso, o *site* permitia uma grande interatividade – por exemplo, o eleitor que se cadastrara previamente no *site* recebeu por SMS, em primeira mão, o nome do escolhido para compor a chapa como vice-presidente ao lado de Obama.

Durante a campanha, Obama se fez presente em todas as principais redes sociais, como Facebook®, MySpace®, YouTube®, Flickr®, Digg, Twitter®, Eventful e LinkedIn®, além da sua própria rede social, o já citado MyBarackObama. A lógica utilizada nessas redes foi a mesma de comícios e eventos de campanha: **"ir aonde o eleitor está"**, só que *on-line*.

A interação possibilitada pelas redes sociais, somada aos incentivos disponibilizados aos usuários (*sites* colaborativos, lojas virtuais, conteúdo segmentado etc.), levou a uma intensa viralização e engajamento na campanha (Frachetta, 2009).

Crédito: Reuters/NYT/Latinstock

O terceiro ponto-chave para o sucesso dessa campanha foi a **arrecadação**. Para poder fazer uso da colaboração de seus engajados eleitores e poder arrecadar dinheiro pela internet, Obama precisou abrir mão do financiamento público de campanha (permitido nos EUA), como nos conta Frachetta (2009):

Obama também inovou nas finanças, quando corajosamente desistiu do financiamento público para sua campanha, o que o liberou para arrecadar quantias milionárias confiando no poder de seus eleitores. Com isso, ele conseguiu aumentar (e muito!) sua vantagem financeira sobre o republicano John McCain.

Prova disso é que Obama iniciou sua campanha com uma quantidade inexpressiva de recursos financeiros, mas, por ter utilizado as tecnologias corretas no momento certo, conseguiu captar em doações de campanha mais do que o dobro que seu adversário.

A campanha de Barack Obama, além de levá-lo à presidência dos EUA, foi um marco histórico, fruto, antes de tudo, da evolução do marketing político ao longo da história. E é dessa evolução que passaremos a tratar agora, depois de entendermos um pouco como foi possível para o candidato democrata obter vantagens por meio da comunicação. Nesse percurso, aproveitaremos para refletir sobre o universo digital no mundo da política e também conceituar de forma clara como a comunicação nos impacta, seja de forma positiva, seja de forma negativa.

Uma breve introdução ao mundo da comunicação

Agora que conhecemos o *case* de Obama, vamos examinar melhor os conceitos de comunicação no contexto mercadológico e começar a pensar como essas teorias podem ser usadas tanto pelo candidato quanto pela equipe de apoio à campanha da forma mais adequada, com vistas ao bom gerenciamento de uma campanha eleitoral.

Iniciaremos com uma análise das vantagens de um planejamento de comunicação eleitoral ou política e de como ele pode ser um instrumento determinante para o sucesso de uma campanha eleitoral. Nosso estudo se dirige propositalmente às concepções históricas da comunicação, para depois analisarmos como nasceu o marketing eleitoral e o marketing de negócios, que o precede (ou seria o contrário?). Em outras palavras, vamos comparar o mundo do marketing empresarial com o do marketing político, para que possamos demonstrar melhor como funciona cada uma dessas áreas mercadológicas.

Ao longo de toda a obra, vamos chamar atenção para a relevância de um bom gerenciamento do marketing político. Como já salientamos, para compreendermos tanto o marketing tradicional como o político, precisamos acompanhar a evolução do pensamento mercadológico. Nós, como profissionais de comunicação, estudantes, professores, consultores, publicitários, gestores de equipes atuantes ou não no mercado, devemos ficar de olhos bem abertos para as constantes mudanças tecnológicas, culturais e sociais que vivenciamos – e esta obra destaca essa evolução com exemplos reais e de relativa facilidade de compreensão.

Vamos pensar em um mundo em que o modo de pensar, agir e planejar as organizações está em constante mudança: o estudo se presta exatamente para que possamos aproximar a realidade do verdadeiro conhecimento, aquilo que os anos, os modismos e as novas tecnologias não conseguem apagar. Trata-se de apreender o verdadeiro papel de um gestor e administrador moderno, e isso vem juntamente com o processo de evolução do ser humano, seja como homem, seja em seu papel de consumidor ou eleitor.

Perspectiva histórica

Comecemos com uma perspectiva histórica, afinal, acredita-se que **um profissional eficaz precisa conhecer o passado para compreender o presente e planejar o futuro.**

Em determinado momento do passado, o homem aprendeu a relacionar seus objetos pessoais e seus usos para criar utensílios de caça e dar proteção a si mesmo e a seus familiares. Esse aprendizado pode ter sido passado aos demais por meio de gestos e pela repetição de processos. Criava-se, então, uma forma primitiva e simples de linguagem: assim começa nosso processo de comunicação da forma como o conhecemos.

Muitos de nós já assistimos à animação *A Era do Gelo*® ou tivemos contato com outras referências dos primórdios da humanidade. No desenho em questão, as cavernas aparecem cheias de pinturas: são as chamadas *pinturas rupestres*, uma forma rudimentar de comunicação. Com o tempo, essa comunicação foi adquirindo formas mais claras e evoluídas, o que facilitou a comunicação não só entre os povos de uma mesma tribo, como também entre tribos diferentes. As primeiras comunicações escritas (desenhos) de que se tem notícia são inscrições em cavernas há 41 mil anos (Valverde, 2012).

No filme *Conan, o Bárbaro*, os parentes de Conan já ocupavam a região da Mesopotâmia, quatro séculos antes de Cristo. Essa civilização foi a primeira a usar o **sistema pictográfico** (escrita feita com tinta nas cavernas), uma forma de comunicação antiga, essencial para o desenvolvimento da comunicação, até chegarmos aos dias atuais. Esse tipo de escrita era utilizado, também, pelos egípcios, que já em 3100 a.c. se valiam dos *hierós glyphós* (do grego *hieros*, que significa "sagrado", e *glyphein*, que significa "gravar"), entre outras funções, para servir em rituais religiosos, sendo usados em lápides de túmulos e templos (Pires, 2003). Esse sistema de escrita era, além de pictórico, ideográfico, isto é, utilizava símbolos simples para representar tanto objetos materiais como ideias abstratas. Utilizava, ainda, o princípio do ideograma (sinal que exprime ideias) no estágio em que deixa de significar o objeto que representa para indicar o fonograma referente ao nome desse objeto (Kato, 1995).

Ainda tratando de linguagem antiga, uma das mais significativas contribuições é a dos sumerianos, e está ligada ao desenvolvimento da chamada *escrita cuneiforme*. Nesse sistema, observamos a impressão dos caracteres sobre uma base de argila que era exposta ao sol e, logo depois, endurecida pela exposição ao fogo (Kato, 1995). Essa civilização mesopotâmica produziu uma extensa atividade literária, que contou com a criação de poemas, códigos de leis, fábulas, mitos e outras narrativas. É a língua escrita mais antiga dentre aquelas de que se têm testemunhos gráficos. As primeiras inscrições procedem de 3000 a.C.

O principal estágio moderno da comunicação humana foi a descoberta da tipografia (arte de imprimir) pelo alemão Johannes Gutenberg, em 1445. Essa invenção multiplicou e barateou os custos dos escritos da época, abrindo a era da comunicação social.

Assim, para compreendermos o desenvolvimento da comunicação, devemos ter por base uma tríade de fatores: a linguagem, a cultura e a tecnologia. Para tanto, recorremos à pesquisa bibliográfica, tomando a antropologia, a história, a sociologia, a linguística e as teorias da informação como campos de conhecimentos principais, mas não exclusivos.

O processo de comunicação

Para entendermos de modo geral como a comunicação, desenvolvida em especial com a escrita, chegou ao estado da arte contemporâneo, precisamos também compreender quais são as formas de comunicação. São componentes do processo de comunicação o emissor da mensagem, o receptor, a mensagem em si, o canal de propagação, o meio de comunicação, a resposta (*feedback*) e o ambiente no qual o processo comunicativo acontece.

Com relação ao ambiente, o processo comunicacional sofre interferências do ruído. Assim, a interpretação e a compreensão da mensagem ficam subordinadas ao repertório (crenças, modo de ser, comportamentos) do receptor. Em relação à forma, a comunicação pode ser verbal, não verbal, gestual e mediada.

» **Verbal** – É a comunicação por meio da fala ou da escrita, formada por palavras e frases. Pode ser dificultada (timidez, gagueira etc.), mas ainda é uma das melhores formas de comunicação.

» **Não verbal** – É a comunicação que não é feita por palavras faladas ou escritas. Usam-se símbolos (sinais, placas, logotipos, ícones), que são constituídos de formas, cores e tipografias, elementos que combinados transmitem uma ideia ou mensagem.

» **Linguagem corporal** – É a comunicação que corresponde a todos os movimentos gestuais e de postura que fazem com que a comunicação seja mais efetiva. A gesticulação foi a primeira forma de comunicação. Com o aparecimento da palavra falada, os gestos foram tornando-se secundários: eles constituem o complemento da expressão, devendo ser coerentes com o conteúdo da mensagem.

Crédito: Adriano Pinheiro

Dicas para uma boa comunicação (política ou corporativa)
1. Fale **com** o público, e não **para** o público; envolva a plateia.
2. Descomplique: fale de forma simples e direta.
3. Escolha o momento e o lugar certos.
4. Prepare-se: qual assunto será abordado na sua comunicação?
5. Conheça seu público: características, tamanho, integrantes etc.
6. Procure elaborar textos curtos, de leitura rápida.
7. Não perca o controle.
8. Não ofenda.

9. Se possível, use imagens relacionadas ao assunto para chamar a atenção.
10. Releia seu comunicado para ver se está claro.

Para finalizarmos nossa introdução ao mundo da comunicação, destacamos que a revolução digital, ou **era da informação**, transformou todos os processos até então conhecidos. Portanto, não é mais possível pensar na comunicação como dissociada das tecnologias modernas. Trataremos mais detalhadamente dessa questão a seguir.

A política na era da informação

Antes de abordamos os conceitos primários de marketing, e para podermos avançar em nossa análise sobre esse novo mundo digital, vamos aprofundar nossa discussão sobre as estratégias e formas de planejamento de uma da campanha política nesse cenário, um mundo este que já faz parte de nossa rotina há algum tempo, certo?

O marketing digital já é amplamente usado, seja para eleições proporcionais, seja para eleições majoritárias. Assim, é mais que necessário o engajamento de toda a equipe nesse processo. Essa é uma prática que nem sempre é vista de forma positiva pelo *staff* (assessores/funcionários). No entanto, podemos afirmar que ela pode ser considerada uma das etapas mais críticas do andamento de uma campanha para que se obtenha sucesso nesse acirrado mercado eleitoral, que não permite falhas, já que em uma eleição muitas vezes não temos chance de consertar o equívoco ou repará-lo, ainda mais no mundo digital, extremamente dinâmico.

Devemos lembrar que o marketing político é muito mais que simplesmente prometer – o mundo mudou e essa prática está fora de cogitação, principalmente se pretendemos atuar e participar de forma efetiva na política. Triste ilusão é pensar que o marketing é apenas um engodo que auxilia a qualquer custo a vitória em uma eleição. Trata-se, na verdade, de construir um caminho com o principal objetivo de registrar uma posição e criar uma marca e um rumo político, fixando intenções para corresponder ao necessário. A estratégia adotada é sempre um caminho nessa direção, pois é necessário saber aonde se quer ir e onde se deseja estar. Tornar o candidato um vencedor é logicamente o objetivo de qualquer agência. Para tanto, é preciso utilizar de forma correta todas as ferramentas existentes no marketing e, assim, despertar a lealdade do público-alvo, nesse caso, os eleitores.

As mídias sociais chegaram para ficar e já fazem parte do nosso dia a dia. Elas já atingiram nossa comunidade de forma ampla e a todo momento milhares de novos internautas se deixam conquistar por essas novas ferramentas e plataformas, tornando-se usuários assíduos. O Brasil, aliás, é um dos países cujos habitantes passam mais tempo conectados à grande rede. Segundo levantamento do Ibope Media, somos cerca de 105 milhões de internautas tupiniquins, o que nos coloca na 5ª posição mundial (Agência Estado, 2013).

> De acordo com a Fecomércio-RJ/Ipsos, o percentual de brasileiros conectados à internet aumentou de 27% para 48%, entre 2007 e 2011. O principal local de acesso é a *lan house*

(31%), seguido da própria casa (27%) e da casa de parente de amigos, com 25%. O Brasil é o 5º país com o maior número de conexões à Internet.

Fonte: To Be Guarany, 2014.

Com base nesses números, é importante lembrarmos que, para que a mensagem política possa chegar de forma clara e objetiva aos ouvidos da grande massa, os políticos e os partidos devem utilizar a internet no intuito de se fazerem ouvir e, assim, interagir ainda mais com seu potencial eleitorado. Afinal, conforme dita a regra básica do marketing, é preciso aumentar o percentual de fidelização com seu partido ou coligação e, logicamente, com suas propostas.

É possível observarmos esse fenômeno em nossa comunidade, cidade ou bairro. Como se trata de um evento sazonal fixo, isto é, sempre teremos eleições de dois em dois anos, salvo alguma mudança na lei, o marketing político estará presente na vida de todos em vários momentos diferentes. No que se refere aos partidos e aos candidatos, eles precisam lançar mão de estratégias tradicionais e de estratégias alocadas no meio digital. Seja de forma física, seja no meio virtual, a campanha exige planejamento prévio e, em se tratando de marketing político na internet, o processo também funciona na base do método e do planejamento estratégico, de modo a antecipar as necessidades em pauta (Lima, 1998).

Como mencionamos anteriormente, é fato que em todo o mundo a força da internet a cada dia cresce mais e mais, e o uso do meio eletrônico vem se concretizando como ferramenta importante para decidir uma eleição. No Brasil, os políticos e suas assessorias (ou mesmo agências de propagandas independentes) seguem exemplos de fora no que diz respeito ao uso de mídias sociais para interagir com seu eleitorado, o que indica que esse meio de fazer política se mostrou tão positivo que os políticos brasileiros também entraram nessa campanha. Mediante o marketing político na internet, o candidato pode interagir e aproximar-se de seu eleitor. No contexto político, o marketing tem esse papel de coletar a opinião do eleitor, orientar e direcionar as ideias do partido.

Com o início de uma era da comunicação, na qual praticamente tudo o que conhecemos no mundo físico de uma forma ou de outra acaba por ser transportado para o mundo virtual, também os atores políticos observaram a necessidade de agir de acordo com a evolução do dito *ciberespaço*. Os meios digitais transformaram o antigo panorama da comunicação; com a economia em constante mudança e as novas tecnologias da informação, a internet e as redes sociais assumiram relevo especial na nova era da comunicação, que propõe uma nova forma de relacionamento entre as pessoas.

Assim, esse novo mundo virtual, com suas características e apelos, leva os políticos acostumados com as velhas práticas de marketing a se adequarem de forma muito veloz para interagir mais com seu eleitorado em qualquer hora e lugar.

O reconhecimento da eficiência dos recursos tecnológicos, mais especificamente do uso da internet, para alavancar ou mesmo auxiliar campanhas eleitorais, já é notório há muito tempo, pelo menos em outros países; mas foi há cerca de 10 anos, com a já citada campanha inovadora realizada por Barack Obama e sua equipe em 2008 para a eleição majoritária norte-americana, que essa prática acabou por se tornar amplamente estudada e debatida, superando qualquer expectativa, até mesmo dos mais otimistas. Foram traçados, assim, novos rumos para o marketing político, e novas regras surgiram quanto ao modo de lidar com o eleitorado.

Chegamos, então, ao momento histórico no qual se comprova que o advento da internet é muito mais do que uma simples tática ou mesmo um modismo passageiro: ela é definitivamente uma forma de aproximação com o consumidor (no caso do mundo corporativo) ou de estreitamento de relações com o eleitor (no caso da política). O maior segredo – ou, como se costuma dizer, "o caminho das pedras" – é descobrir as melhores mensagens para um determinado segmento de público, o chamado *target*[2].

A interação maior e as relações mais estreitas entre os eleitores e os candidatos/partidos acabaram por proporcionar um crescimento no índice de confiança e de credibilidade entre ambos. Vale lembrar que o segmento político não goza de um bom índice de popularidade entre a população geral; porém, a partir do advento da internet, podemos observar uma mudança dos hábitos e também uma maior participação política da população nos pleitos, sobretudo entre os jovens eleitores.

---

[2] Quando tratamos de marketing, mais especificamente na publicidade, *target* não necessariamente se refere ao público-alvo, mas aos objetivos gerais que se quer atingir com a estratégia de comunicação.

Antes de tratarmos mais profundamente do marketing eleitoral, será necessário elucidarmos algumas noções essenciais da área.

Origens e evolução do marketing

Nesta breve introdução sobre o marketing e a sua decorrente transposição para a política, você perceberá que precisamos conhecer aspectos fundamentais da área de marketing para, então, compreendermos os aspectos específicos de sua utilização no espaço político.

É oportuno, então, para o entendimento do marketing político, conheçamos a origem e a evolução do marketing; por isso, vamos um breve resumo de sua história a partir do século XX.

Entre 1915 e 1930, surgiram os primeiros livros de marketing básico; nos anos 1950, surgiu o conceito de *empresa orientada para o cliente* (*customer oriented enterprise*); próximo aos anos 1960, deu-se início ao campo de estudos do comportamento do consumidor (*consumer behavior*).

Nessa década (anos dourados), as empresas começaram a dar maior ênfase ao consumidor, pensamento que perdurou por toda a fase dos famosos *studios* londrinos, nos anos 1970. Na sequência, o marketing passou a ser um pouco mais estudado e explorado.

Na década de 1980, anos marcados pelos Menudos, A-Ha ou RPM, além de seriados como *Chips*, *Supermáquina* e *Esquadrão Classe A*, ainda era embrionário o processo de pensar o marketing no Brasil. Para ilustrar o desenvolvimento dessa área, em especial no que concerne à criação de produtos e à propaganda, sugerimos o estudo do desenvolvimento das referências citadas, que ilustram bem um ponto nodal da história do marketing.

Os anos 1990 foram uma época de intenso crescimento no setor tecnológico, com o aclamado marketing global. Segundo Maya (1995), no marketing existe sempre a presença do enfoque interdisciplinar, o que significa que o marketing deve ser tratado como uma grande teia de aranha, totalmente relacionada entre seus pontos.

Já no início do novo milênio, o século XXI, essa perspectiva de teia interdisciplinar se ampliou com a concepção de um marketing que, segundo a Associação Americana de Marketing (AMA), "passa a ser uma 'atividade' (entenda-se aqui um trabalho, e não uma ocupação caridosa) cujo propósito é agregar valor ao produto e/ou organização **de uma maneira que esse 'valor' seja benéfico para a sociedade em geral**" (Andrade, 2010, p. 19, grifo nosso).

Destacamos que muitas têm sido as tentativas de definir o marketing. São, em geral, definições meramente formais, com o intuito de esclarecer o fenômeno mercadológico e a técnica para enfrentá-lo. Ainda assim, é importante conhecê-las. Por isso, vamos apresentar as ideias de alguns estudiosos do assunto.

Para Simões (1986), o marketing é uma técnica que visa conjugar uma série de instrumentos com o objetivo de obter melhor aproveitamento das oportunidades de mercado, a fim de alcançar as metas empresariais com um mínimo de desperdício de recursos.

Esse conceito de marketing se correlaciona com o funcionamento de planos mercadológicos, o que implica que a empresa deve voltar-se para o marketing partindo do pressuposto de que é preciso gerar produtos e/ou serviços cujos objetivos sejam as necessidades e os desejos dos consumidores, sendo que "encontramos organizações direcionadas para: a produção, o produto, as vendas, o marketing e o ecossistema social" (Andrade, 2010, p. 32).

> **Para saber mais**
> Sobre a influência do marketing em nossa vida, acesse:
> TENDÊNCIA E MERCADO. Disponível em: <www.tendenciaemercado.com.br>. Acesso em: 20 mar. 2015.

O direcionamento mercadológico

Observamos que a empresa realmente voltada para o marketing procura não dissipar recursos, valendo-se, para isso, de ações como:

» seleção de mercados;
» fuga de segmentos em que fique vulnerável;
» análises de rentabilidade.

Considerando tais aspectos, o marketing nada mais é do que um mercado em constante movimento, que analisa e desperta necessidades frequentemente. Esse conceito destaca o fato de que o referido mercado sofre mutações sempre, de acordo com a contínua evolução do consumidor.

Outros conceitos também nos ajudam a entender o papel do marketing e seus caminhos. Com o propósito de ampliarmos o entendimento, vamos refletir sobre as concepções de mais alguns pensadores. Elas nos ajudarão a criar nossa visão de marketing.

» **Levitt (1974)** – Parte da premissa de que o marketing engloba todas as grandes coisas estimulantes e todas as pequeninas coisas perturbadoras cujas realizações são necessárias na organização inteira para que ela possa levar a cabo a finalidade empresarial de atrair e manter clientes. Isso significa que o marketing não é apenas uma função empresarial: trata-se de uma visão consolidada do processo empresarial como um todo.

» **Mazzon e Miranda** (1987) – Definem marketing como o conjunto de atividades que visam orientar o fluxo de bens e de serviços do local onde são gerados para os consumidores ou usuários. Em sentido mais estrito, conceituam marketing como o conjunto de técnicas coordenadas que permitem a uma empresa conhecer o mercado presente e potencial para determinado produto com a finalidade de maximizar o volume de vendas, além de determinar o produto que irá satisfazer às necessidades da clientela.

O marketing pode também ser reconhecido como uma ferramenta de suporte técnico em atividades orientadas para o mercado com o propósito de influenciar a população em relação a uma marca, produto ou serviços específicos ou a determinada ideia, fato, instituição ou pessoa. No conjunto desse processo, há uma série de ações que são praticadas, entre elas:

» pesquisa de mercado;
» *design* de produtos;

» campanhas publicitárias;
» segmentação de mercado;
» posicionamento de marca.

Com base nessas concepções, é necessário observamos que **marketing é o processo de planejar e executar a concepção, o custo, o planejamento e a distribuição de ideias, bem como de criar trocas de bens e serviços que satisfaçam os objetivos de empresas e indivíduos.**

Além disso, como lembra Andrade (2010), há a necessidade de uma constante atualização em relação a aspectos que envolvem o marketing, entre eles a inserção do marketing no mundo digital (como vimos no caso de Obama no início do capítulo). Essa atenção é necessária pois, no cenário tecnológico de nossa sociedade, o consumidor "passou a protagonista na operacionalização de mídias, entre as quais estão *blogs, podcasts, social networks* (redes sociais) e o *mobile marketing*" (Andrade, 2010, p. 17-18).

Marketing digital

Já tratamos do marketing de um ponto de vista mais tradicional, com o objetivo de garantir a você, leitor, uma abordagem adequada no mercado como um todo. Mas e o marketing digital? O que é? Como funciona? Quais são as tendências? Quais são as ferramentas?

Consideremos primeiramente o marketing digital, que, nesse contexto, inclui o web marketing³. Segundo Ferreira Junior e Rieping (2014, p. 123),

> *Web marketing é o nome dado a um conjunto de ferramentas e estratégias utilizadas através da rede mundial de computadores para promoção, comunicação e comercialização de produtos e serviços. Também pode ser utilizado para a promoção de profissionais e personalidades. Envolve desde o projeto inicial, definição de estratégias, de nichos e públicos-alvos, pesquisa de mercado, passando pela administração do relacionamento com internautas, processos de comunicação, geração de valor, e incluindo as etapas de venda e pós-venda, sempre com o objetivo de otimizar e maximizar os resultados.*

Desse modo, o marketing digital inclui o web marketing de uma forma mais direcionada, pois, com as constantes mudanças no comportamento dos consumidores, observa-se também um aumento da interação entre os "novos" meios de comunicação, ou seja, o aumento do uso de novas tecnologias, como celulares, internet e mídias sociais, o que acaba por fomentar um mercado digital, até então inexistente.

Essas mudanças nos remetem à possibilidade de uma maior conexão entre os indivíduos, o que acaba por diminuir, de certa forma, as fronteiras existentes na comunicação entre as empresas

---

3 "*Web* é uma palavra inglesa que significa teia ou rede. O significado de *web* ganhou outro sentido com o aparecimento da internet. A *web* passou a designar a rede que conecta computadores por todo o mundo, a *World Wide Web* (WWW). *Web* pode ser uma teia de aranha ou um tecido e também se utiliza para designar uma trama ou intriga" (Web, 2011-2015).

fornecedoras de produtos e seus consumidores. Tais mudanças impactaram e transformaram a sociedade, fazendo emergir novas tendências adaptadas pelo marketing a partir da tecnologia.

Por esse motivo, é notório que os consumidores de hoje estão a cada dia mais bem informados e que está cada vez mais difícil conquistá-los – e, por consequência, fidelizá-los.

Em referência a essa mesma transição, Kotler (1999, p. 22) conceitua:

> Em suma, a era do Marketing 3.0 é aquela em que as práticas de marketing são muito influenciadas pelas mudanças no comportamento e nas atitudes do consumidor. É a forma mais sofisticada da era centrada no consumidor, em que o consumidor demanda abordagens de marketing mais colaborativas, culturais e espirituais.

Outra definição importante é a de marketing digital, comércio eletrônico ou, ainda, *e-commerce*:

> é um processo que estabelece uma combinação dos recursos de "marketing tradicional" com ferramentas eletrônicas, ou seja, através de recursos via internet. Através de ferramentas de **Marketing Eletrônico**, as empresas atingem maiores níveis de interação com seus clientes atuais e potenciais, baseados em relações cada vez mais dirigidas, promissoras e convenientes. Dentro desse panorama, a internet contribuiu diretamente para que o Marketing Eletrônico possibilitasse o relacionamento entre cliente e empresa em tempo real.(Marketing Futuro, 2015, grifo do original)

O planejamento da campanha de marketing político digital é uma das etapas mais críticas e também mais delicadas para a obtenção de sucesso em uma eleição no que diz respeito à presença digital. Não é muito diferente do que acontece com uma campanha tradicional, pois as duas necessitam de um bom planejamento prévio. Quando se trata de marketing político na internet, o processo também funciona com base nos métodos adotados e no planejamento estratégico pensado de forma antecipada em relação aos concorrentes ou adversários políticos (Lima, 1998).

É lógico que, na maioria das vezes, esse planejamento antecipado cai por terra em razão dos mapas eleitorais locais ou regionais, que acabam mudando, não podendo ser definidos antes do fechamento das coligações e de outros arranjos políticos.

Se o candidato já tem um *site*, é interessante que faça o uso do Google Analytics, um serviço gratuito oferecido pela própria Google®. Ao ativar o serviço por intermédio de uma conta do Google®, com a qual é possível cadastrar um *site*, o usuário recebe um código para ser inserido na página cadastrada. A cada exibição, estatísticas de visitação são enviadas ao sistema e apresentadas ao dono do *site*. O Google Analytics foi criado principalmente como um auxílio aos *webmasters* para otimizar seus *sites* para campanhas de marketing e para o Google AdSense.

É incorreto pensar que esse serviço resolve os problemas de um *site* automaticamente sem o apoio de um *webmaster* – ele apenas evidencia quais informações devem ser analisadas. Certamente, o uso do Google Analytics em uma capanha eleitoral é uma ótima ideia, pois ele é uma fonte quase inesgotável de dados, tamanha a quantidade e a qualidade das informações sobre os seus clientes (ou, nesse caso, eleitorado). Basta ponderar dados do *site* nas campanhas anteriores e suas principais tendências na campanha atual. O Google Analytics é uma das melhores ferramentas de análise de *sites* do mercado e, o melhor de tudo, é totalmente gratuito. Por meio dele, podemos obter uma grande quantidade de informações para a tomada de decisões. De acordo com a Agência Estado (2013),

> *o total de pessoas com acesso à internet no Brasil, no terceiro trimestre de 2012, foi de 94,2 milhões, segundo o IBOPE Media. Esse número considera as pessoas de 16 anos ou mais de idade com acesso em qualquer ambiente (domicílios, trabalho, escolas, lan houses e outros locais), mais as crianças e adolescentes (de 2 a 15 anos de idade) que têm acesso em domicílios.*

Desse volume de pessoas, estima-se que mais de 90% em média são usuários de pelo menos uma rede social. E os números da internet não param, crescem em uma velocidade impressionante a cada dia que passa, trazendo consigo a massificação do acesso e o processo de democratização da informação, da cultura e da educação.

O acesso no local de trabalho ou em domicílios chegou a 76,6 milhões no segundo trimestre do ano, o que significou uma alta de 5,3% sobre os 72,7 milhões do primeiro trimestre de 2013 e de 12,6% em relação aos 68 milhões do segundo trimestre de 2012. Já o número de pessoas que moram em domicílios com acesso à *web* foi de 73,7 milhões no segundo semestre de 2013 (IG São Paulo, 2013).

A grande rede nos mostra valiosas oportunidades para quebrar o monopólio dos partidos maiores. Podemos observar em algumas eleições recentes que esse cenário de democratização está cada vez mais acentuado. É a vez de quem "sai na frente", de quem estuda e viabiliza novas estratégias e tem sensibilidade para pensar em grandes ideias, verdadeiras "sacadas". Seguindo essa tendência de aproximação cada vez maior entre candidato e eleitor, vemos o presidente americano Barack Obama sair na frente quando em sua reeleição mais uma vez usou de forma eficiente as redes sociais. Diferentemente da maioria dos políticos, que usa essas ferramentas somente em período eleitoral, Obama e outros mais perceberam que manter uma relação com o eleitorado é fundamental a todo momento, não somente para que os políticos possam aproximar-se das pessoas, mas também para que eles sejam percebidos de forma mais humana e real pela população.

■ **Lembre-se:**

"A proximidade e o relacionamento com o eleitorado é a essência básica do marketing eleitoral digital."
@achilesjunior

Ao se depararem com o grande potencial da *web*, os políticos de todo o Brasil, ou a maioria deles – os mais antenados –, buscaram marcar presença nesse ambiente e acabaram, nesse frenesi da novidade, cometendo alguns deslizes básicos. Assim, a exploração da ferramenta acaba sendo um "tiro no pé".

Os maiores equívocos cometidos no marketing digital político são os seguintes:

1. Em alguns casos, deixa-se o gerenciamento das redes sociais da campanha na mão de pessoas não capacitadas para a função. É fato que, para o bom funcionamento das ferramentas de marketing digital, é necessário contar com profissionais capacitados.
2. Uma prática comum no mundo político é incluir parentes e conhecidos na lista dos assessores e com isso designar sobrinhos, filhos, netos, filhos de amigos etc. para cuidar da conta no Twitter®, no Facebook® e em outras redes sociais. Essa prática pode parecer ágil num primeiro momento, mas é muito arriscada, pois é preciso lembrar que as "formigas têm megafone" e qualquer equívoco pode gerar uma polêmica negativa e desnecessária.

Nesse sentido, segundo Vettori e Ferreira Junior (2013, p. 6), o marketing digital

> por si só pode gerar ótimos resultados, porém, se for aplicado em conjunto com táticas do marketing tradicional, o efeito será o melhor possível. Pode-se, por exemplo, utilizar as estratégias do marketing tradicional para divulgar as atividades de marketing nas mídias sociais e vice-versa. Para que essa integração funcione da melhor maneira, é necessário entender as diferenças que fazem com que estas duas formas distintas de marketing se completem.

Em uma campanha eleitoral, por exemplo, o público estará "antenado" às informações na maior parte do tempo, pois a *web* é dinâmica demais nesse sentido. Ele estará longe fisicamente, mas muito perto virtualmente, nas redes sociais, sempre acessando, pesquisando, acompanhando e, essencialmente, questionando. Os eleitores, principalmente os que fazem parte das gerações Y e Z, estão cada vez mais engajados em causas políticas. E isso é muito, mas muito bom, certo? Eles exigem mais, querem firmeza e coerência.

> "O marketing digital pode, com 140 caracteres, fazer do Twitter o passarinho dos ovos de ouro" (Metagov, 2014).

Tudo isso é muito legal e moderno, afinal, é tudo o que vemos no dia a dia, mas vamos voltar novamente um pouco no tempo para entender como chegamos até aqui. Como já vimos um breve relato da história da comunicação, vamos, na sequência, resgatar um pouco da história da humanidade e da história da política no que se refere ao desenvolvimento do marketing eleitoral.

A história do marketing eleitoral

Para um estudo aprofundado sobre as eleições nos tempos remotos, precisamos consultar os escritos deixados pelos gregos e romanos. Nesses documentos, segundo Manhanelli (1988, 1992), é possível perceber que ações ainda comuns nas eleições contemporâneas são praticadas desde a Antiguidade, com poucas modificações.

As votações na Grécia

Sabe-se que entre os gregos era comum votar para todos os cargos. O povo (os cidadãos gregos) elegia os chefes de governo, os legisladores, os juízes, os magistrados, os administradores, os funcionários públicos de toda a espécie, os generais, os embaixadores e os pontífices. No entanto, as mulheres, os menores de 20 anos, os condenados por infâmia e por uma infinidade de delitos e os estrangeiros não participavam das eleições. Eles não compunham a casta de cidadãos; assim, qualquer um entre eles seria punido com a morte caso se introduzisse nas assembleias. Isso porque todo aquele que, sem ser cidadão de Atenas, votasse, seria condenado por tal fato como violador e usurpador da soberania do povo.

> Como estamos avançando, não? Antes muitos não podiam votar, ou melhor, quase ninguém. Agora estamos aprendendo a votar. Estamos no caminho certo! E viva a democracia!

Os considerados cidadãos (os homens maiores de 20 anos, filhos de pais e mãe gregos) se encontravam na *ágora* (praça principal das antigas cidades gregas) e em uma casa vizinha, de onde era impossível ver a multidão e ser visto por ela, mas de onde era possível ouvir os sons emanados da *ágora*. Durante o processo, eram escolhidos alguns representantes, os quais deveriam ter um passado honrado e uma conduta irrepreensível, sem mancha alguma em sua reputação.

Há alguma semelhança com os dias de hoje?

Os escolhidos atravessavam a *ágora* de olhos voltados para o chão, sem olhar para qualquer um dos presentes ou proferir palavra. Os candidatos eram escolhidos por aclamação, com palmas e gritos.

Dessa forma, podemos afirmar que, já naquela época, os eleitores eram manipulados com bastante discrição e inteligência.

Essa é uma das possibilidades de análise. Se considerarmos o caso por outro prisma, podemos observar que os gregos tentavam preservar ("nenhuma mancha em sua reputação") a decência na política. Hoje, no Congresso Nacional de nosso país, temos uma proposta de lei que estabelece conexão com esse pressuposto. É o Projeto de Lei Complementar n. 135/2010, o projeto **Ficha Limpa**, o qual torna inelegível o candidato que tenha pendências com a justiça.

A República romana

Já na República romana, a nação votava segundo a divisão do território em centúrias, cúrias e tribos, das quais as duas últimas eram mais favoráveis ao povo e a primeira aos nobres. Esse sistema durou até a Era dos Gracos. Na sequência, os romanos conheceram um período de desordens e discórdias, impulsionado pelo vício da prosperidade, quando a riqueza corrompeu as instituições, sobrando do direito eleitoral apenas uma vaga lembrança.

Há alguma semelhança com o que se vê neste segundo milênio depois de Cristo?

Nesse período de desordem, de acordo com Montesquieu (2000), os ambiciosos conduziram a Roma populações de cidades e nações inteiras para perturbar as eleições ou convertê-las em proveito próprio. Assim, as assembleias eleitorais se transformaram em verdadeiras conjurações; os comícios eram tumultuados por um grande número de sediciosos e malfeitores. Enfim, a anarquia era tal que, por fim, já não era possível apurar realmente quem votava e quem não votava.

Naquela época, o candidato tinha de conhecer cada um de seus eleitores e cortejá-los à esquerda e à direita nos dias das reuniões, bem como saudá-los um por um pelo nome, sob pena de impopularidade e naufrágio eleitoral no caso de erro, equívoco ou desatenção. Foi assim que surgiram os primeiros assessores dos quais temos conhecimento na história. Eles tinham a função de lembrar aos seus amos os nomes de escravos e libertos que eram encontrados pelas ruas. Os assessores sussurravam nos ouvidos de seus amos o nome dos cidadãos obscuros e desconhecidos, facilitando-lhes a oportuna saudação. Ou seja, algumas coisas não mudam muito, ainda hoje podemos observar tais práticas como sendo primordiais para a escolha ou não de um candidato.

Um fato curioso, nesse contexto eleitoral da Antiguidade, é a ideia, segundo Manhanelli (1992), de que a primeira campanha articulada e trabalhada dentro dos moldes de marketing eleitoral foi a que Jesus Cristo promoveu na sua vinda à Terra. Não há dúvida de que ele foi um dos grandes sucessos nesse contexto, com uma ótima mensagem. A construção da sua imagem, somada às técnicas de proliferação de sua mensagem, certamente é uma analogia acadêmica no mínimo interessante. Consta no livro mais vendido do mundo que foram utilizadas até práticas de marketing *one to one* (um a um), quando Jesus enviou seus discípulos para a divulgação de sua mensagem. Vale destacar que após a crucificação foi criada pelos cristãos a marca mais conhecida em todo o mundo, a cruz. Mas vamos deixar esse delicado assunto para outra ocasião. Lembramos, ainda, que essa correlação de marketing com Cristo consiste única e exclusivamente em uma analogia feita pelo referido autor para a explanação dessa ideia.

O marketing eleitoral do século XX até a atualidade

Em 1924, nos Estados Unidos, ocorreu o primeiro evento de marketing político do qual se tem notícia. Aconselhado por Edward Bernays – considerado, na época, o papa das relações públicas –, o presidente Calvin Coolidge, tido como frio e elitista, um homem sério, de poucas palavras e nenhuma simpatia, organizou um café da manhã com artistas na Casa Branca, com vistas a desfazer essa imagem. Esse evento resultou, segundo Bernardes e Netto (1998), em uma manchete no *New York Times* do dia seguinte: "Atores comem panquecas com os Coolidge. Presidente quase gargalha". Ali, começava a germinar a primeira semente do marketing político na história das eleições norte-americanas, cuja continuidade se deu, em 1952, na campanha do General Eisenhower e, assim, até a era Obama.

Em 1952, pela primeira vez, um candidato às eleições presidenciais americanas, o General Eisenhower, solicitou a uma agência de publicidade a realização de uma campanha de *spots* televisivos (Classe A, 2007). Nasceu, então, uma expressão crítica que questionava a situação: **deve ser o candidato vendido**

como um sabonete? A resposta é não, conforme tentaremos deixar claro na sequência da discussão.

Atualmente, após a assimilação dos processos mercadológicos e a evolução de conceitos e métodos (como iremos detalhar neste estudo), o marketing eleitoral opera com dados da realidade da sociedade de massa, da difusão da TV e da sofisticação tecnológica. Essa constatação é feita por autores como Rees (1995), Champagne (1996) e Manhanelli (1988, 1992), segundo os quais, por causa dessa evolução, hoje o marketing é mais profissional do que, por exemplo, no tempo do Presidente Jânio Quadros, quando não eram feitas pesquisas qualitativas para saber o que o eleitor estava pensando.

Nessa conjuntura, podemos considerar o marketing político (praticado atualmente) como o conjunto de técnicas e métodos de que uma organização política dispõe para conhecer seu público e sobre ele exercer alguma influência. Ou, mais precisamente, é o processo de beneficiar um candidato (na sua apresentação aos eleitores) criando condições meritórias que o diferenciem dos seus concorrentes, sempre com o uso mínimo de recursos.

Isso significa que a **qualidade dos produtos** é da mesma natureza que o **conteúdo dos candidatos**. E esses aspectos não existem se o mercado não os percebe.

Se, por acaso, estivermos escandalizados com o uso dessas estratégias em uma campanha política, vale lembrar que o princípio da comunicação no contexto de marketing é do bem, e o mesmo podemos dizer da política; cabe ao homem decidir seu caminho. Vamos salientar esse ponto sempre que possível, sendo importante observarmos, nesse sentido, que a noção de comunicação considerada nesta obra trata da promoção dentro do chamado *mix de marketing*.

Como o marketing eleitoral trabalha com dois níveis da sociedade, amplamente questionáveis (negócios e política), torna-se inevitável a generalização de concepções sobre a área. No entanto, quando escutamos alguém dizendo "Isso não passa de uma jogada de marketing!", como se fosse algo ilícito ou enganoso, devemos lembrar que se trata de uma generalização do termo, que não é necessariamente a verdade absoluta. Afinal, assim como em todas as áreas, no marketing existem pessoas bem intencionadas e mal intencionadas.

> "Tudo o que temos de decidir é o que fazer com o tempo que nos é dado."
> (Tolkien, 2002, p. 52-53)

Imaginemos, agora, a política em nosso país, desacreditada como está, sendo associada ao marketing. Prepare-se: vem aí uma enxurrada de críticas e questionamentos. Mas é isso que torna nossa área interessante, o constante desafio de provar que algo é viável, real e, mais importante, que poder ser usado para o bem.

A construção da imagem é algo bom para o partido, para o candidato e, muito mais, para a sociedade como um todo, pois sob essas condições o político tem de seguir uma linha respeitável para alcançar seu objetivo. Obriga-se a ter uma conduta inquestionável e precisa se justificar se agir de outro modo.

Isso quer dizer que podemos conceituar *marketing político* como propaganda? Ao contrário do que muitas vezes é entendido pela classe política, o marketing político vai muito além disso. Ele não se restringe à realização de operações para a construção da imagem de um candidato, mas busca, acima de tudo, mantê-la, o que exige competência e originalidade, o que vai além da comunicação usada na campanha.

O que observamos, portanto, é que com a profissionalização do marketing político ganhamos todos, principalmente a sociedade, o que corresponde diretamente à mais recente concepção de marketing, definida por Andrade (2010, p. 19) como a "atividade que agrega valor ao produto ou serviço, sendo esse valor benéfico não apenas para o cliente específico e para a organização, como também para a sociedade em seus processos de sustentabilidade".

Mas, se encararmos o marketing político como um exercício de construção de imagem, ironicamente estaremos confundindo o todo com uma de suas atividades ou componentes.

O público e a população normalmente têm contato com o comício (no sentido que atualmente lhe atribuímos), a publicidade e a propaganda. O marketing político, porém, não se limita a promover, por meio de uma organização espetacular, um comício – aliás, prática que não está mais em evidência em função da lei eleitoral atual, mas que nos remete a lembranças passadas de convenções ou encontros de lideranças com objetivos midiáticos imediatos, valendo-se, sim, da junção de todas as técnicas mercadológicas.

> "O meu ideal político é a democracia, para que todo homem seja respeitado como indivíduo e nenhum venerado."
> Albert Einstein

Vimos como exemplo, no início deste capítulo, as eleições nos Estados Unidos, caracterizadas também por esse contato de que falamos. Logicamente, a legislação eleitoral americana é bastante diferente da nossa. Somam-se a isso os aspectos culturais que também são bem distintos.

A prática do marketing político e eleitoral

Podemos definir **marketing político** como o conjunto de técnicas e métodos de que uma organização política dispõe para conhecer seu público e sobre ele exercer influência. Mais precisamente, é o processo de apresentar de forma favorável um candidato aos seus eleitores, diferenciando-o dos seus concorrentes com o mínimo de recursos, tanto antes quanto durante e após os períodos eleitorais.

Já o **marketing eleitoral** constitui-se como uma subárea do marketing político cujo foco é o período eleitoral.

Considerando os aspectos mencionados até aqui, é notório que o marketing político apresenta aspectos relacionados à essência do marketing e à sua adequação. Isto é, como essência, busca detectar (conforme expusemos anteriormente) os aspectos positivos que possam causar empatia pelo candidato e estabelecer estratégias no sentido de atingir o eleitor identificado com tais aspectos. Por outro lado, procura disfarçar os traços negativos que passam antipatia no eleitor. No que diz respeito à adequação, apresenta também aspectos significativos da arte de adequação e adaptação do candidato ao meio social. Nessa configuração, os meios de comunicação são usados para alcançar um resultado específico: aumentar a quantidade de votos.

Nesse contexto, devemos destacar o conceito de marketing proposto por Hooley, Piercy e Saunders (2001). Segundo os autores, em mercados cada vez mais competitivos e dinâmicos, as empresas ou organizações mais aptas a vencer são aquelas sensíveis às expectativas, aos desejos e às necessidades do consumidor e que se empenham para satisfazer mais seus clientes em comparação a seus competidores.

O fato é que as técnicas mercadológicas adquiriram tanta abrangência no mundo contemporâneo que são utilizadas em qualquer sistema econômico ou social, tanto por empresas comerciais como por instituições sem fins lucrativos, em campanhas tão díspares como as de vacinação de crianças, realizadas por governos com o objetivo de promover o bem público, e as eleitorais, para "vender" ao eleitor um candidato a cargo eletivo.

Marketing empresarial e marketing eleitoral
Vamos realizar agora um comparativo entre dois mundos do marketing: o marketing empresarial e o marketing eleitoral. Podemos, com esse objetivo, revisitar o caso de Barack Obama, na sua primeira eleição em 2008 e depois na campanha de 2012, quando disputou a cadeira com o ex-governador de Massachusetts, o republicano Mitt Romney.

Na campanha de 2008, a proposta de mudança venceu o conceito de marketing da insegurança exercido pelos republicanos – no caso, o candidato John McCain, substituto imediato de George W. Bush pelo Partido Republicano.

O sucesso da aplicação de um programa de marketing na política resulta da ampla satisfação das necessidades e expectativas dos eleitores relativamente ao que anseiam em uma organização política.

Logo, um programa de marketing político parte também da premissa de que não há razão para os consumidores comprarem os produtos ou serviços de uma empresa a não ser que esta, de algum modo, esteja oferecendo uma forma de melhor **atender aos seus desejos e às suas necessidades**. Isso quando o produto é comparado aos outros disponíveis no mercado, originados de empresas concorrentes.

A intensa utilização das mídias sociais pelo candidato democrata – tática que, como verificamos no início do texto, tornou-se fundamental para a sua eleição – é uma tendência mundial. Nesse caso, parafraseando o presidente americano, "o mundo mudou": o eleitor hoje tem facilidade de acesso à informação, e esta tem cada vez mais poder.

Como vimos, essa estratégia foi o diferencial da campanha do candidato democrata Obama, em contraposição à campanha tradicional do republicano John McCain. Para termos uma ideia, em 2009, as palavras em inglês mais procuradas em *sites* de busca na internet foram *Twitter*® (rede social na internet), *Obama* (presidente americano) e *H1N1* (gripe suína).

Salientamos que, embora os Estados Unidos sejam os pioneiros no uso do marketing político na contemporaneidade, com o advento da televisão, muitos países, entre eles o Brasil, renderam-se a essa nova arma para conseguir sucesso nas urnas, não deixando nada a desejar em termos de criatividades e recursos midiáticos. Assim, fique atento: ao final desta obra, apresentamos uma listagem com os principais nomes de políticos brasileiros que estão usando de forma efetiva as redes sociais, em especial o Twitter®.

Marketing eleitoral no Brasil

O voto no Brasil também tem sua história, a qual foi iniciada no Império. Naquele tempo, porém, as eleições eram decididas pelos patrões, únicas pessoas habilitadas a votar. Mesmo assim, o voto não era secreto. As eleições ocorriam na igreja matriz, onde os eleitores eram obrigados a assistir a uma missa antes de votar.

Em 1894, foi estabelecida uma renda mínima para que os cidadãos tivessem o direito de votar: quem não ganhasse pelo menos 100 mil réis era excluído do processo eleitoral. O direito ao voto e o sistema eleitoral foram mudando com o passar dos anos, até chegarmos ao voto eletrônico utilizado nos dias atuais.

Na democracia brasileira, o marketing é uma técnica ou uma arma que aos poucos vem substituindo todos os demais métodos político-eleitorais. Afinal, se antes o que decidia era a opinião do chefe político do lugar ou de uma rede bem-estruturada de cabos eleitorais, agora o que pesa é a imagem construída na campanha. Se antes, no centro de uma campanha, estavam as propostas políticas, agora o núcleo, o carro-chefe, o cérebro de uma campanha passou a ser o setor de marketing, que direciona as referidas propostas.

Segundo Manhanelli (1988), uma das primeiras aparições, discreta em comparação com as campanhas de hoje, do marketing político no Brasil foi feita na campanha presidencial de Jânio Quadros, cuja realização deu-se mais pela intuição do que pela pesquisa.

De qualquer maneira, observando o percurso do marketing nas campanhas eleitorais brasileiras, percebemos que a aplicação das técnicas de venda de produtos é cada dia mais decisiva na construção das alternativas políticas, não importando a ideologia do partido, como veremos nos capítulos finais do livro.

Aliás, as técnicas de marketing foram utilizadas de forma intensa por políticos considerados tanto de esquerda quanto de direita nas eleições das últimas décadas.

Sobre isso, podemos fazer uma retrospectiva por meio da memória pessoal e da imprensa e verificar se há diferença (considerando o volume) no uso dessas técnicas pelos diversos partidos políticos no Brasil. No quadro a seguir constam todos os partidos da atualidade. Vejamos se cada sigla remete a algum tipo de mensagem – a ideia não é fazer alusão a um ou a outro, mas identificar a "marca" de cada partido.

Quadro 1.1 – Partidos políticos registrados no Tribunal Superior Eleitoral (TSE)

	Sigla	Nome	Deferimento	Presidente nacional	Nº
1	PMDB	Partido do Movimento Democrático Brasileiro	30.6.1981	Michel Temer	15
2	PTB	Partido Trabalhista Brasileiro	3.11.1981	Benito Gama, em exercício	14
3	PDT	Partido Democrático Trabalhista	10.11.1981	Carlos Lupi	12
4	PT	Partido dos Trabalhadores	11.2.1982	Rui Goethe da Costa Falcão	13
5	DEM	Democratas	11.9.1986	José Agripino Maia	25
6	PCdoB	Partido Comunista do Brasil	23.6.1988	José Renato Rabelo	65

(continua)

(Quadro 1.1 – continuação)

	Sigla	Nome	Deferimento	Presidente nacional	Nº
7	PSB	Partido Socialista Brasileiro	1º.7.1988	Carlos Roberto Siqueira de Barros	40
8	PSDB	Partido da Social Democracia Brasileira	24.8.1989	Aécio Neves da Cunha	45
9	PTC	Partido Trabalhista Cristão	22.2.1990	Daniel S. Tourinho	36
10	PSC	Partido Social Cristão	29.3.1990	Víctor Jorge Abdala Nósseis	20
11	PMN	Partido da Mobilização Nacional	25.10.1990	Telma Ribeiro dos Santos	33
12	PRP	Partido Republicano Progressista	29.10.1991	Ovasco Roma Altimari Resende	44
13	PPS	Partido Popular Socialista	19.3.1992	Roberto Freire	23
14	PV	Partido Verde	30.9.1993	José Luiz de França Penna	43
15	PTdoB	Partido Trabalhista do Brasil	11.10.1994	Luis Henrique de Oliveira Resende	70
16	PP	Partido Progressista	16.11.1995	Ciro Nogueira Lima Filho	11
17	PSTU	Partido Socialista dos Trabalhadores Unificado	19.12.1995	José Maria de Almeida	16
18	PCB	Partido Comunista Brasileiro	9.5.1996	Ivan Martins Pinheiro	21
19	PRTB	Partido Renovador Trabalhista Brasileiro	18.2.1997	José Levy Fidelix da Cruz	28
20	PHS	Partido Humanista da Solidariedade	20.3.1997	Eduardo Machado e Silva Rodrigues	31

(Quadro 1.1 - conclusão)

Sigla	Nome	Deferimento	Presidente nacional	Nº
21	PSDC	Partido Social Democrata Cristão	5.8.1997	José Maria Eymael	27
22	PCO	Partido da Causa Operária	30.9.1997	Rui Costa Pimenta	29
23	PTN	Partido Trabalhista Nacional	2.10.1997	José Masci de Abreu	19
24	PSL	Partido Social Liberal	2.6.1998	Luciano Caldas Bivar	17
25	PRB	Partido Republicano Brasileiro	25.8.2005	Marcos Antonio Pereira	10
26	PSOL	Partido Socialismo e Liberdade	15.9.2005	Raimundo Luiz Silva Araújo	50
27	PR	Partido da República	19.12.2006	Alfredo Nascimento	22
28	PSD	Partido Social Democrático	27.9.2011	Gilberto Kassab	55
29	PPL	Partido Pátria Livre	4.10.2011	Sérgio Rubens de Araújo Torres	54
30	PEN	Partido Ecológico Nacional	19.6.2012	Adilson Barroso Oliveira	51
31	PROS	Partido Republicano da Ordem Social	24.9.2013	Eurípedes G.de Macedo Júnior	90
32	SD	Solidariedade	24.9.2013	Paulo Pereira da Silva	77

Fonte: Adaptado de Brasil, 2015.

Façamos o mesmo exercício de identificação de "marcas" e seus sentidos atribuídos com as logomarcas relacionadas a partidos políticos na Figura 1.1, que nos mostra um bom exemplo do apelo visual e de sua importância para o eleitorado – vamos observar cada logomarca e tentar imaginar ao que remete!

Figura 1.1 – Logomarcas de partidos

Fonte: RB AM, 2014.

Depois desse exercício, que nos permite identificar aspectos mais ou menos válidos dentro da arena política, devemos sublinhar que o juízo de valor sobre o processo do marketing político, se ele é bom ou mau, interessa pouco aqui. Por quê?

Porque quando estudamos novos mercados (nesse caso, estamos nos referindo ao mercado político), temos de nos despir de quaisquer conceitos preestabelecidos, isto é, devemos nos posicionar sem preconceitos quando iniciamos um estudo.

O que é preciso ressaltar é o fato de o marketing político ser um processo incontornável, próprio das sociedades de massa, em que há preponderância da comunicação, em particular dos meios eletrônicos, sobre as relações interpessoais diretas e associativas.

Destacamos, nesse contexto, que não existe nada cujo sucesso dependa de aceitação em larga escala que possa prescindir do marketing. Isso inclui desde a política até a religião.

As campanhas eleitorais sob o prisma mercadológico

No panorama analisado até aqui, um candidato ou um programa eleitoral não equivalem a um produto, assim como um comício, de acordo com a lei vigente, não é um ponto de venda. Além disso, o desgaste psicológico que exige o ato de votar não é exatamente comparável ao preço que pagamos por um bem ou serviço. No entanto, são inevitáveis algumas analogias que se estabelecem entre o marketing comercial e o marketing político, como já mencionamos. Elas contribuem para o descrédito deste último, bastando, para constatarmos tal fato, um olhar mais atento a nossa volta.

> Devemos nos perguntar: afinal, quais são as vantagens da utilização do planejamento de marketing em uma campanha eleitoral?

Ao examinarmos o contexto mercadológico das campanhas eleitorais no Brasil, podemos perceber dois aspectos importantes:

1. um aumento significativo na utilização de métodos e técnicas de pesquisa de opinião;

2. uma busca frenética por informações confiáveis sobre o perfil da população para a construção do marketing eleitoral de candidatos e partidos políticos.

É preciso destacar que essa busca não vem se restringindo àquelas informações obtidas por meio de métodos quantitativos de pesquisa, cujas análises apoiam-se na representatividade numérica de opiniões e de desejos conscientes dos eleitores.

Neste estudo, observamos que há aspectos das campanhas tradicionais que já não surtem efeito, enquanto novas propostas metodológicas e novas estratégias de comunicação eleitoral aparecem. Sobre as tendências do mercado, vejamos o quadro a seguir.

Quadro 1.2 – Tendências do mercado eleitoral

A. Parecem não ser mais suficientes para o sucesso eleitoral	B. Novas tendências para a comunicação eleitoral
Responder apenas às questões essenciais da população, tais como saúde, educação, segurança, entre outras.	Analisar profundamente o cenário social e econômico do momento.
Atacar os pontos considerados fracos dos adversários (aliás, a cada pleito essa prática está se mostrando cada vez mais ineficiente).	Estudar os fenômenos decorrentes dos referidos cenários e, sobretudo, entender as raízes das ansiedades emergentes da população.
Criar discursos mirabolantes e utilizar um *slogan* forte.	Discursos claros, objetivos e com respostas "práticas".

Fonte: Datafolha, 1996.

Se compararmos os fatores das colunas A e B, ficamos com a nítida impressão de que as tendências do mercado eleitoral estão diretamente relacionadas ao conhecimento global, por meio de uma avaliação que não se restringe aos fatores objetivos, mas inclui também fatores subjetivos, recorrendo-se aqui ao pensamento de Jaguaribe (1992), que proporciona subsídios mais definidos para a criação das estratégias de alguns candidatos.

Partindo dessa premissa, podemos chegar a estudos mais profundos, realizados por vários segmentos representativos da sociedade. Provavelmente são essas as informações que propiciam real suporte às decisões mercadológicas que guiam atualmente uma grande campanha eleitoral, a qual envolve desde as definições de postura e de comportamento até a linguagem e os argumentos do discurso do candidato.

Estudo do eleitorado

O estudo do eleitorado é equivalente ao estudo do público-alvo de mercado no marketing convencional e constitui a primeira etapa de uma campanha de marketing político. Nessa fase, os objetivos são:

a. conhecer, compreender e prever as atitudes e os comportamentos do eleitorado;

b. saber sobre a cultura e as crenças do eleitorado, bem como seus desejos, anseios e percepções sobre o candidato;

c. reunir um conjunto de dados sobre o momento vivido da eleição e do partido: trata-se de fazer uma análise geral de características, processos de decisão e comportamentos dos públicos pelos quais uma organização ou, nesse caso, um partido ou um candidato se interessa.

Um exemplo bem claro desse processo foi observado no pleito municipal de 2008 em Curitiba, quando o prefeito eleito, Carlos Alberto Richa, mais conhecido como Beto Richa, conseguiu cerca de 80% dos votos válidos.

Naquela ocasião, a sequência de premiações do prefeito durante seu mandato anterior (2004-2008) foi utilizada na comunicação da campanha para a eleição de 2008, pois no programa de TV esse era o mote principal de sua propaganda. O título de sua premiação era "Melhor prefeito do Brasil". Vale lembrar que o referido título foi recebido por ele sete vezes.

No entanto, o título em si não seria uma peça determinante para o resultado eleitoral. O que pesou foi como a comunicação da campanha conseguiu explorar tal fato. O que se fez foi, ao repassar essa informação à população, inflamar o eleitor local, porque a premiação serviu para enaltecer a autoestima local, em associação, obviamente, a outros predicados do jovem político.

Vale lembrar o adesivo que virou marca da referida campanha, o "Fica", que era disputado entre os eleitores pois simbolizava um selo de garantia do curitibano. Você pode, portanto, observar que os responsáveis pelo marketing do referido candidato recorreram a uma característica regional, isto é, a "autoestima" elevada e o orgulho da população local.

**FICA!
BETO RICHA 45**

Crédito: Material gentilmente cedido por Lucia Jovita

No entanto, não bastaria, como salientamos, ser o "melhor prefeito". Essa condição precisou ser informada de maneira adequada, a fim de proporcionar o maior retorno possível, deixando espaço para a sugestão de que ele futuramente pudesse ser o "melhor governador do Brasil", o "melhor presidente do mundo", e assim por diante. Trata-se de uma interessante estratégia, que soube selecionar bem o tipo de veículo de comunicação para a propagação da notícia. No caso da equipe de comunicação do candidato Beto Richa, foi fundamental, além da divulgação normal na data da ocorrência, a utilização de *sites*, como o do jornal da Universidade Federal do Paraná, entre outros meios.

O que esse exemplo nos revela?

Para agir sobre um público, é indispensável conhecê-lo, ou seja, para o marketing criar empatia com os eleitores e, particularmente, saber a quais, entre todos os eleitores, deve o político se dirigir, é necessário saber:

» Quem são eles?
» Como pensam?
» Como tomam suas decisões de voto?

De modo geral, o que podemos concluir é que há a necessidade de aplicação de métodos sistemáticos e científicos no estudo eleitoral, os quais se contrapõem aos métodos empíricos geralmente utilizados.

Diante desses fatos, é perceptível que, antes e durante uma campanha, o candidato deve restringir-se a assuntos e temas voltados para as necessidades e as expectativas aparentes e conscientes do povo, que podem determinar um discurso político sintonizado com esses temas.

Síntese

Neste capítulo, tivemos a oportunidade de levantar questões sobre a evolução do mercado político. Fizemos também uma breve introdução ao mundo da comunicação, com foco maior na perspectiva histórica e nos processos de comunicação. Demos atenção especial ao tema *política na era da informação* e hamamos a atenção para as origens e a evolução do marketing.

Salientamos as peculiaridades do marketing digital, bem como a história do marketing eleitoral, partindo das votações na Grécia e passando pela República romana. Analisamos também o marketing eleitoral do século XX até a atualidade. Em seguida, construímos uma analogia entre marketing empresarial e marketing eleitoral, além de explorarmos a evolução do marketing eleitoral no Brasil, destacando algumas campanhas eleitorais sob o prisma mercadológico por meio do estudo do eleitorado.

Questões para revisão

1. Para poder fazer uso da colaboração de seus engajados eleitores e poder arrecadar dinheiro pela internet, Obama precisou abrir mão do financiamento público de campanha (permitido nos EUA). Com isso, podemos destacar que:
   a. o terceiro ponto-chave para o sucesso dessa campanha foi a arrecadação.
   b. o terceiro ponto-chave para o sucesso dessa campanha foi a legislação.
   c. o terceiro ponto-chave para o sucesso dessa campanha foi a distribuição de material de campanha.
   d. o terceiro ponto-chave para o sucesso dessa campanha foi exclusivamente a televisão.

2. Podemos afirmar que um profissional eficaz precisa conhecer o passado para compreender o presente e planejar o futuro. Ou seja, ele precisa considerar principalmente:
   a. a perspectiva social.
   b. a perspectiva visionária.
   c. a perspectiva geográfica.
   d. a pespectiva histórica.

3. O estudo do eleitorado é equivalente ao estudo do público-alvo de mercado no marketing convencional e constitui a primeira etapa de uma campanha de marketing político. Nessa fase, os objetivos são:

a. saber mais sobre a cultura e as crenças do eleitorado, bem como ignorar seus desejos, anseios e percepções sobre o candidato.

b. reunir um conjunto de dados sobre o momento vivido da eleição e do partido: trata-se de fazer uma análise geral de características, ignorando os processos de decisões e comportamentos dos públicos pelos quais uma organização ou, nesse caso, um partido ou um candidato se interessa.

c. conhecer, compreender e prever as atitudes e os comportamentos do eleitorado.

d. saber sobre a cultura e as crenças do eleitorado e deixar de lado apenas os desejos, anseios e percepções sobre o candidato.

4. Para entendermos como a comunicação, desenvolvida em especial com a escrita, chegou ao estado da arte contemporâneo, precisamos também compreender quais são as formas de comunicação. Com base no que foi estudado até aqui, quais são os componentes do processo de comunicação?

5. A comunicação verbal é feita por meio da fala propriamente dita, que, por sua vez, é constituída por palavras e frases. Pode ser dificultada (timidez, gagueira etc.), mas ainda é a melhor forma de comunicação. Seguindo essa linha de pensamento, descreva o processo de comunicação não verbal.

capítulo 2
mercadologia e variáveis do marketing brasileiro

Conteúdos do capítulo
» O conceito AIDAS.
» Marketing em ação.
» A mercadologia no contexto político.
» Mercado consumidor e mercado eleitoral.

Como já mencionamos na apresentação e no primeiro capítulo, nesta obra pretendemos demonstrar como os preceitos usuais de marketing, aqueles que observamos no dia a dia, podem ser claramente encontrados durante o período de eleições. Faremos essa leitura especificando os conceitos fundamentais para, em seguida, analisarmos sua aplicação em campanhas políticas. Vamos iniciar com um conceito amplamente difundido nas academias, o AIDAS, e suas funções e significados, para depois tratarmos do marketing em ação e da mercadologia, que utiliza técnicas fundamentadas em estatística, demografia, geopolítica, interpretação da legislação aplicável à área objeto de análise, meios de comunicação e econometria. Salientaremos também as funções da mercadologia, as políticas de vendas, a relevâncias das informações sobre o produto e suas características, a qualidade e o papel da mercadologia no contexto político e a marca como valor mercadológico. Ao longo do texto, apresentaremos *cases* reais do mundo político e analogias entre o mercado consumidor e o mercado eleitoral.

O conceito AIDAS

Vamos iniciar o capítulo com uma discussão sobre **mercadologia** (termo brasileiro para *marketing*) a partir do conceito AIDAS, acrônimo que remete as seguintes premissas:

» A – Atenção
» I – Interesse
» D – Desejo
» A – Ação
» S – Satisfação

Essa sequência se desenvolve da seguinte forma: o "A" de **atenção** ocorre quando um produto ou serviço consegue se destacar entre muitos, despertando no consumidor o "I" de **interesse**, seguido de um "D" de **desejo** quase incontrolável de comprar, momento em que o consumidor diz "Eu mereço, pois, afinal de contas, nunca compro nada para mim", entre outras coisas; segue-se, na continuidade, o "A" da **ação** de compra, momento em que o cheque é assinado ou o cartão passa pelo leitor, ou, simplesmente, a mão é colocada no bolso e é feito o pagamento; por fim, chega-se ao "S" de **satisfação**, o que nos lembra o cantor Mick Jagger, que já ressaltava em sua canção *Satisfaction* que o fundamental é a satisfação do homem ou, nesse caso, a do consumidor.

Com a leitura completa do conceito AIDAS, fica claro que o marketing visa, além de conquistar o cliente, fidelizá-lo, a fim de gerar recompras.

Exemplo

Vamos imaginar uma consumidora que vai às compras. Ela sabe que tem apenas dois itens para comprar: um *shampoo* e meias para usar com o par de tênis novo. Mas, ao passar em frente à loja de calçados femininos, observa na vitrine um sapato em especial, o qual logo de imediato chama sua **atenção (A)**.

Ela não resiste e entra na loja para perguntar o preço e pegá-lo (para sentir o sapato na mão). Isso mesmo, senti-lo na mão, porque o brasileiro tem esse costume de pegar, tocar, sentir, cheirar os produtos. Ao fazê-lo, a consumidora sente o **interesse (I)** pelo produto, momento no qual fala consigo mesma: "Devo ou não?".

Então fica lutando com algo maior que lhe diz algo como: "Compra, compra, você merece" (ou algo similar). Após essa fase, a qual dura alguns segundos, vem o **desejo (D)**. E este, quase que de maneira incontrolável, leva-a à **ação (A)** da compra, tornando, assim, o marketing evidente, ainda mais se houver, após o uso, a **satisfação (S)**. Completa-se, assim, o ciclo AIDAS.

A ação descrita pode resultar em uma cliente fiel à loja, iniciando o processo mais interessante do marketing, em específico o famoso marketing de relacionamento, cuja finalidade é fidelizar os clientes. Todos nós provavelmente já vimos algo assim acontecer, pois isso é marketing puro, é mercado em constante movimento, com todas as suas técnicas. Se entendemos esse processo, pronto: entendemos o que é o marketing, porque isso é mercado em movimento, em ação, isso é entender e atender as necessidades do consumidor.

O marketing em ação

Considerando o conceito de **mercado em ação**, com base em concepções específicas sobre o marketing, devemos levar em conta também outros fatores. Nesse contexto, tem destaque o papel da mercadologia ou do marketing.

É possível observar que, para as empresas que trabalham com certos clientes e detêm certos monopólios, a mercadologia tem importância secundária. No entanto, quando a empresa produz para o mercado, precisa prever o que, quando e onde produzir, com que imagem lançar o produto no mercado, em que quantidade e a que preço disponibilizá-lo.

A mercadologia utiliza técnicas fundamentadas em:

» estatística;
» demografia;
» geopolítica;
» interpretação da legislação aplicável à área objeto de análise;
» meios de comunicação e econometria.

Dada a importância das técnicas mercadológicas, elas devem ser objeto de um estudo sistematizado em escolas de comunicação social.

Funções da mercadologia

Entre as funções da mercadologia, destacam-se, conforme a classificação encontrada em Cobra (1992), cinco principais: gerência do produto, definição do preço, distribuição, publicidade e vendas.

1. **Gerência de produto** – Acompanha o bem ou o serviço desde a concepção até os estágios de pesquisa, *design*, desenvolvimento, fabricação e lançamento no mercado.
2. **Definição do preço** – É estabelecida de acordo com os custos, o poder aquisitivo do mercado e os preços dos produtos concorrentes.
3. **Distribuição** – É feita por um ou vários canais, em venda direta ao consumidor ou por intermediários. A distribuição do produto depende de sua natureza e da forma como a venda é feita. Os canais tradicionais de distribuição são o atacado, o varejo e as vendas industriais. Nesse contexto, a partir da década de 1950, tornaram-se populares as vendas por reembolso postal e mala direta; mais tarde, surgiram o telemarketing, as vendas pela internet e a formação de grandes cadeias de vendedores autônomos, os quais adquirem os produtos e as peças publicitárias, cuidam da divulgação e do fechamento de vendas, além de estabelecerem suas próprias margens de lucro, em conformidade com limites determinados pelo fabricante.
4. **Publicidade** – Seleciona as características do bem que sejam capazes de atrair o público-alvo e criar na mente do consumidor diferenciações positivas do produto em relação aos concorrentes.
5. **Vendas** – É o momento em que se dá o contato direto entre comprador e vendedor. Os fabricantes de bens de consumo em larga escala, embora não vendam diretamente ao consumidor final, costumam empregar

um grande número de vendedores para lidar com intermediários de todo tipo, sejam atacadistas, sejam varejistas. Na venda de bens de capital complexos ou muito caros, o papel do vendedor é crucial.

Nesse contexto, com o aumento do número de concorrentes em quase todos os ramos de negócios, o campo de atuação da mercadologia passou a incluir funções como serviços de atendimento ao cliente e comunicação com o consumidor. Em algumas empresas, a diretoria de marketing detém poder decisório sobre as áreas mais diversas, como programação visual e embalagem, preço, distribuição, relações públicas e pesquisa, bem como sobre o desenvolvimento de novos produtos.

Políticas de vendas

Considerando-se todos os detalhes pertinentes a um produto, para formular sua política de vendas, a empresa precisa analisar previamente algumas questões fundamentais, as quais, de acordo com estudo feito por Richers (2000), são: os aspectos relativos ao conhecimento dos mercados atuais e seu possível desenvolvimento, a capacidade aquisitiva e as preferências dos possíveis clientes e a determinação das condições que o produto deve reunir.

» **Conhecimento dos mercados atuais e seu possível desenvolvimento** – Para chegar a esse conhecimento, a empresa promove a segmentação do mercado servindo-se de estatísticas oficiais disponíveis, informações obtidas por suas redes comerciais e pesquisas realizadas expressamente para essa finalidade. Os tipos mais comuns de segmentação são por nível econômico regional e por grupos sociais e demográficos.

» **Capacidade aquisitiva e preferências dos possíveis clientes** – É possível verificar, mediante pesquisas, entrevistas pessoais, observação direta e experimentação, quando é determinada a disposição da clientela em relação aos produtos (em fabricação ou em projeto) da empresa. Nessa investigação, são consideradas as faixas de renda, o poder aquisitivo do mercado potencial, os gostos e as preferências dos possíveis compradores, com atenção especial para algumas características – como educação, sexo e idade –, e a possibilidade de influir na mudança ou na criação de novos hábitos com vistas ao consumo de determinado produto.

» **Determinação das condições que o produto deve reunir** – Em mercadologia, produto é tudo aquilo que pode satisfazer a uma necessidade e, portanto, ser vendido. Durante a investigação, são estudadas todas as características do produto: a impressão geral que ele causa; a imagem, fundada em seu conhecimento e prestígio; o conjunto de funções (técnicas ou prestígio para o usuário) que ele cumpre; a possibilidade de modificação de sua funcionalidade para melhor adaptar-se ao mercado; a relação entre a funcionalidade e o preço final.

Devemos acrescentar que uma área mais especializada atua com a **pesquisa motivacional**, que relaciona os motivos que levam o consumidor a preferir inconscientemente um dado produto a outro. Essas informações condicionam e completam a análise do produto e dão a conhecer as características que ele deve ter para satisfazer o consumidor.

Todos esses processos (e também aqueles que veremos a seguir) são igualmente importantes para o mercado eleitoral (mercado consumidor), se considerarmos a área política de um candidato e/ou partido.

Informações sobre o produto e suas características

A pesquisa de mercado também fornece às empresas informações comparativas sobre os produtos ou serviços em relação aos concorrentes. Ela compara o produto da empresa em questão com outros similares da concorrência e atribui peso relativo às características tratadas como objeto de estudo, a saber:

» marca;
» apresentação;
» qualidades funcionais e técnicas;
» métodos de venda;
» reclamações do cliente quanto à idoneidade do produto;
» atendimento ao cliente;
» preço e condições de pagamento.

Se a comparação mostrar que o produto de uma empresa apresenta uma valorização maior em relação a outro similar de outra empresa, Cobra (1992) avalia que a primeira estará em melhores condições de promover seu produto, enquanto a concorrência deverá corrigir aquelas características nas quais o produto em questão se mostrou inferior.

No entanto, para uma gestão comercial adequada, não é suficiente apenas a comparação entre os produtos da empresa e os da concorrência. É preciso também conhecer a fundo:

» os produtos;
» os métodos publicitários utilizados;
» a organização de vendas;
» a influência da publicidade ou do produto sobre o público e as razões dessa influência.

Os resultados obtidos na avaliação dos aspectos citados permitem quantificar a demanda possível e sua elasticidade, ou seja, a resposta do mercado às possíveis variações no preço (um artigo é muito elástico quando uma pequena variação no preço acarreta uma variação relativamente maior da quantidade demandada).

À luz das informações obtidas, a equipe responsável pelo estudo mercadológico deve elaborar um leque com sugestões de ações capazes de atrair os clientes das empresas competidoras, para conseguir expandir os mercados já existentes e criar novos mercados, tanto para a venda de produtos já conhecidos quanto para a de novos produtos.

O estudo mercadológico e a qualidade

Outro ponto importante a ser analisado em um estudo mercadológico é a qualidade. Embora a palavra *qualidade* seja usada em diversos contextos, é definida pela American Society for Quality Control como **a totalidade dos aspectos e das características** de um determinado produto ou serviço que sustentam sua capacidade de satisfazer as necessidades declaradas ou implícitas da clientela (Longenecker; Moore; Petty, 1997). É desse significado que estamos tratando aqui.

O processo operacional estabelece o nível de qualidade à medida que um produto é produzido ou um serviço é oferecido. Embora o custo e outros aspectos não possam ser ignorados, a qualidade deve constituir o foco primário das operações de uma empresa.

Sobre o assunto, é interessante o que declara Arnold (1999, p. 474): "qualidade significa satisfação dos usuários: produtos ou serviços que satisfazem as necessidades e expectativas dos usuários". E o autor complementa: "para atingir a qualidade de acordo com essa definição, deve-se considerá-la em relação à política do produto, ao projeto de produto, à produção e à utilização final do produto".

Ainda no contexto mercantil, não devemos esquecer o fato de a concorrência internacional estar voltada cada vez mais para as diferenças na qualidade. A indústria doméstica de automóveis, nos últimos anos, por exemplo, colocou grande ênfase no aspecto qualitativo, tentando competir de modo eficaz com carros fabricados no exterior.

É importante ressaltar também que a qualidade não é uma preocupação exclusiva das grandes empresas. O processo operacional de empresas pequenas merece o mesmo tipo de exame cuidadoso que as grandes sociedades anônimas estão começando a dar à sua produção para atingir a alta qualidade. Entretanto, muitas empresas pequenas têm relutado em dar atenção a esse fator.

Essas concepções valem também para os políticos, uma vez que são prestadores de serviços em um mercado cada vez mais acirrado, em que poucos se destacam, seja por suas ideias, seja, principalmente, por suas qualidades.

O papel da mercadologia no contexto político

O marketing no contexto político abrange, segundo Andrade (2010, p. 52),

as campanhas (relações e habilidades com o objetivo de obter algo) organizadas para o grande público (eleições municipais, estaduais ou federais), bem como aquelas direcionadas para os pequenos grupos envolvidos em escolhas relacionadas a cargos em entidades, autarquias, órgãos públicos etc.

Nesse cenário, percebemos a adaptação ou adequação das técnicas do marketing (produtos e serviços) à área política. Neste estudo, em específico, nosso foco está voltado para **as campanhas organizadas para o grande público**, ou seja, para o mercado eleitoral no contexto dos cargos políticos públicos. E, nesse panorama, uma das situações que observamos é o número crescente de candidatos no âmbito municipal, estadual e federal. Vejamos uma reportagem sobre o assunto.

Número de candidatos às prefeituras cresce a cada eleição, aponta Ziulkoski

Brasília – O número de candidatos às prefeituras e às Câmaras dos vereadores tem crescido de uma eleição para outra, embora o número de cadeiras nos Legislativos municipais tenha diminuído de 62 mil para 52 mil, por determinação da Justiça Eleitoral. A constatação é do presidente da Confederação Nacional dos Municípios (CNM), Paulo Ziulkoski, que em entrevista hoje à Rádio Nacional da Amazônia, ressaltou que há também um considerável número de candidaturas únicas aos executivos municipais nestas eleições.

Esse é um fenômeno que acontece em todo o país, segundo ele, mas a maior concentração está no Rio Grande do Sul, onde 31 municípios têm apenas um candidato a prefeito. A maioria é de candidatos que fizeram boa gestão e concorrem à reeleição, acrescentou Ziulkoski.

Ele destacou, porém, que "essa é uma tendência em todas as regiões", devido também a acordos de eleições anteriores realizados nas composições de chapas únicas, o que acontece principalmente em municípios de pequeno e médio portes, segundo ele.

Fonte: Agência Brasil, 2008.

Observamos, ao analisarmos os detalhes dessa reportagem, o reflexo daquilo de que fala Rego (2002), pois para ele o candidato precisa ter as seguintes qualidades:

» experiência;
» honestidade;
» vida limpa com passado decente;
» assepsia, equilíbrio/ponderação;
» preparo, coragem/determinação;
» autoridade (não confundir com autoritarismo).

Tendo esse panorama em vista, ainda há dúvidas sobre os benefícios da utilização dos conceitos mercadológicos no mercado eleitoral?

Candidatos identificados com a demanda dos eleitores

Os partidos e os profissionais de marketing precisam considerar que os candidatos devem estar identificados com a demanda dos eleitores. Salientamos isso pois há no cenário político brasileiro um adensamento de perfis antigos que caminham na esteira da velha política. O eleitor quer ver perfis mais identificados com suas grandes demandas. Podemos perceber esses fatores nos *cases* e nas contextualizações apresentados nesta obra e na própria observação de nossa vida cotidiana.

Entre as demandas que hoje se sobressaem, destacam-se:

» segurança;
» saúde;
» educação;
» melhoria das condições de vida.

Sobre esse assunto, Rego (1985) enfatiza que o conceito de legitimidade é fundamental para a prática da política. Por *legitimidade* deve ser compreendido o processo pelo qual os eleitores ou os governados consideram os valores políticos compatíveis com seus valores.

Mas, para chegar à legitimidade na política, o interessado deve percorrer uma extensa rota até chegar à posição de mando e conquista. Nessa situação, o marketing político é considerado como um esforço planejado para cultivar a atenção, o interesse e a preferência de um mercado de eleitores. Logo, pode ser visto como o caminho por excelência seguro para o sucesso de quem deseja ingressar na carreira política.

Nesse panorama do marketing eleitoral, são relevantes as pesquisas de opinião, uma vez que se constituem em uma ferramenta propícia para conhecer a realidade do eleitorado, como é o caso da pesquisa denominada *Voto, Eleições e Corrupção Eleitoral*, que apresenta dados fundamentais para o planejamento de uma campanha política. Essa pesquisa de opinião

> "Errar é humano. Culpar outra pessoa é política."
> H. H. Humphrey

pública foi realizada em 2008 pela Vox Populi por solicitação da Associação dos Magistrados Brasileiros (AMB), com o objetivo de levantar dados que relacionam o candidato a alguns aspectos que exercem influência sobre o eleitor, como:

» as propostas de trabalho, a experiência, a simpatia e o partido do candidato;
» os benefícios que o bairro e a comunidade do eleitor e de sua família podem receber com a eleição do candidato;

» a importância da indicação de um candidato por parte de um conhecido.

Veja o quadro percentual do item *Escolha do candidato – Importância de alguns critérios*, reproduzido no gráfico a seguir.

Gráfico 2.1 – Escolha do candidato – Importância de alguns critérios

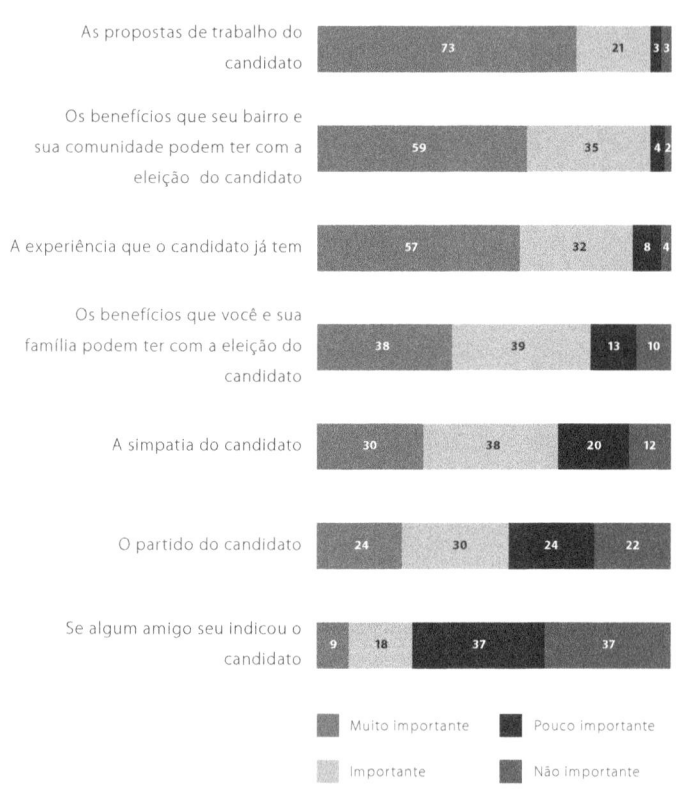

Critério	Muito importante	Importante	Pouco importante	Não importante
As propostas de trabalho do candidato	73	21	3	3
Os benefícios que seu bairro e sua comunidade podem ter com a eleição do candidato	59	35	4	2
A experiência que o candidato já tem	57	32	8	4
Os benefícios que você e sua família podem ter com a eleição do candidato	38	39	13	10
A simpatia do candidato	30	38	20	12
O partido do candidato	24	30	24	22
Se algum amigo seu indicou o candidato	9	18	37	37

Fonte: Adaptado de Vox Populi, 2008.

Qual é a importância de tais dados para o planejamento de marketing? Eles possibilitam uma descrição mais aproximada do perfil do eleitor, o que permite estabelecer qual é o perfil de candidato e os tipos de propostas que serão compatíveis com o que o eleitorado deseja.

A marca como valor mercadológico

Será que compraríamos um produto desconhecido? Agora vamos considerar uma marca bastante conhecida, como o caso da Nestlé®. Essa é uma das marcas mais premiadas no quesito *lembrança* no Brasil e no mundo.

Seguindo essa linha de raciocínio, todos nós provavelmente já vimos, em algum momento, uma propaganda ressaltando algum produto da família Nestlé®, como uma marca de bolacha, mas com o destaque para o termo *Nestlé*®. Ou seja, a bolacha poderia não ser conhecida (era ocasião de seu lançamento), mas, ao ser associada a uma marca já consagrada no mercado, de imediato ganha credibilidade, mesmo sem termos efetivamente utilizado o produto.

A mesma condição é também observada em uma das marcas mais valiosas do mundo, a Coca-Cola®, conhecida em todas as regiões atingidas pela globalização. Se observarmos as propagandas dos outros refrigerantes, chás e sucos dessa organização, veremos que todos vêm com a chancela Coca-Cola® – os refrigerantes Sprite® e Kapo®, por exemplo, entre outros.

> Agora, você deve estar se perguntando: o que o leite condensado, a bolacha ou o biscoito da Nestlé®, a Coca-Cola® e outros produtos e marcas têm a ver com o mercado eleitoral?

O fato é que um produto novo, ao ser lançado no mercado, irá disputar espaço com outros de marcas diferentes já bem conhecidas dos consumidores. O mesmo ocorre com os candidatos em uma eleição.

Para a maioria da população, o fato de desconhecer o nome de um candidato representa um fator de negação. Assim, nessa perspectiva, vamos imaginar o caso de um mero desconhecido que se candidata com propostas boas, ou pelo menos consideradas boas. Essa característica, contudo, não o habilita para o sucesso eleitoral. Ou seja, o fato de ser desconhecido, por mais atrativa que seja sua plataforma de propostas, faz com que o caminho seja bem mais árduo e difícil para a conquista do voto do eleitor.

Nessas situações, um nome ou sobrenome já conhecido no mercado eleitoral correspondem a uma marca e a uma submarca no mercado convencional. O próprio pertencimento a uma família com tradição política local ou nacional já passa muito mais credibilidade para o lançamento de um novo candidato. Essa não é a única premissa, mas efetivamente ajuda ter um passado na área.

Podemos encontrar a comprovação dessa ajuda nos números. Exemplos? Iremos destacar alguns para análise e reflexão.

Vejamos o caso de ACM Neto, que foi deputado federal (2006) e prefeito de Salvador (Bahia) em 2012. Neto de quem? Sim, de Antônio Carlos Magalhães (ACM), uma das maiores forças políticas nacionais. O significado de *forças* aqui está ligado ao contexto partidário, ou seja, tem relação com o tempo no mercado eleitoral e com o conhecimento da marca – no caso, do nome.

No Brasil, encontramos muitos casos conhecidos que podem servir de exemplo. Lembramos que, de acordo com alguns conceitos mercadológicos, na fase de introdução de um produto no mercado, a estratégia ideal é gerar credibilidade; nesse momento, naturalmente leva um certo tempo para o produto ter aceitação da maior parte dos consumidores. A mesma situação ocorre no mercado político com os eleitores, ou seja, leva um tempo para um político ser aceito e, nesse caso, tempo o remete a dinheiro, esforço de mídia, divulgação, enfim, tudo que é possível realizar para ampliar o grau de conhecimento do nome do candidato.

Afinal, quando um produto ou uma marca são desconhecidos, uma ação eficiente é agregar valor a eles, certo? Claro que não podemos esquecer que isso não passa de uma analogia.

Por outro lado, muitas vezes os nomes lançados para o pleito já têm uma "grife", ou seja, são considerados "marcas" já com um certo grau de aceitabilidade: são nomes com credibilidade política conquistada por pessoas ligadas à família, por exemplo.

Para este estudo, vamos citar alguns nomes para exemplificar de maneira clara essa ideia, uma vez que se trata de uma obra com fins acadêmicos. Tomamos o cuidado de citar nomes com credibilidade pela atuação histórica e com mandatos atuais, escolhendo exemplos que até a publicação da obra constam de boa avaliação pública no exercício da função.

Entre eles, podemos destacar no mercado político/eleitoral paranaense o deputado estadual Sthephanes Jr., filho do ministro Reinhold Stephanes; o premiado deputado federal e agora prefeito da capital paranaense Gustavo Fruet, filho de Maurício Fruet (ex-prefeito de Curitiba); o fenômeno de votos Ratinho Junior, cujo pai dispensa apresentações. Nesse sentido, lembramos que um nome de família forte ajuda, mas vem carregado de uma grande responsabilidade – é um peso de marca a ser administrado. Podemos citar ainda o recém-eleito (2014) Felipe Francischini, filho do também político (deputado federal) e delegado da Polícia Federal Fernando Francischini. Outro exemplo na política de perpetuação de marcas de famílias é o da jovem Maria Victoria Borghetti Barros, filha da atual vice-governadora do Estado do Paraná Cida Borghetti e do deputado federal Ricardo Barros. Nesse sentido, credibilidade é a grande chave para o sucesso na política.

FELIPE FRANCISCHINI
77777
CANDIDATO A DEPUTADO ESTADUAL
PARANÁ
SDD - Solidariedade
Idade: 22 anos (02-10-1991)
Naturalidade: PR - Curitiba
ELEIÇÕES2014 .com.br

Crédito: Reprodução

DELEGADO FRANCISCHINI
7777
CANDIDATO A DEPUTADO FEDERAL
PARANÁ
SDD - Solidariedade
Idade: 44 anos (26-03-1970)
Naturalidade: PR - Londrina
ELEIÇÕES2014 .com.br

Crédito: Reprodução

CONVITE INAUGURAÇÃO COMITÊ MERCÊS

Convidamos você para participar da inauguração do Comitê Oficial de Ricardo Barros, deputado federal e Maria Victoria Borghetti Barros, deputada estadual.

18 de agosto de 2014 | 19 horas
Av. Manoel Ribas, 445 - Mercês - Curitiba

Vem conosco pela vitória do Paraná

RICARDO BARROS 1151
MARIA VICTORIA 11511
BETO RICHA 45 CIDA BORGHETTI

Crédito: Reprodução

Um nome compreendido como marca de família, na área política, não significa que o candidato foi eleito somente pela marca da família. O objetivo é destacar esse fator como ponto positivo no mercado eleitoral. Vale ressaltar que, nesses casos, os políticos, além de outros inseridos no mesmo contexto, pela lógica têm obrigação dobrada no exercício da vida pública, pois, como são beneficiados pela tradição, carregam o peso do nome (marca) – assim, a cobrança é maior, pois estão em constante evidência na vitrine pública.

Vamos imaginar um candidato (novo, mas com marca conhecida) sendo lançado no mercado, com destaque ao que lhe é mais valioso nesse momento, o nome da marca, ou seja, a **marca da família** (novamente, lembremos que a analogia foi realizada para fins acadêmicos, pois logicamente existe muita diferença entre, por exemplo, um produto como um sabonete

> "A política é a ciência da liberdade."
> Pierre Proudhon

e um candidato; é apenas uma licença semiótica). Obviamente, se pensarmos nos políticos de nossa região, iremos encontrar inúmeros exemplos de políticos novos que surgiram em uma família já conhecida e que levaram o nome como marca para se lançarem no mercado; basta que observemos com atenção.

Por outro lado, quando mencionamos que a Nestlé® associa sua marca a um novo produto, nessas ocasiões ela deve cuidar para não queimá-la no mercado. Isso significa que ela tem muito mais a perder do que uma marca desconhecida. Os políticos precisam ter esse mesmo cuidado: para eles, a preservação da imagem é fundamental, pois é algo de grande valor para suas carreiras.

Marketing-mix racional e eficiente

Outro aspecto de destaque na abordagem mercadológica é o marketing-mix, ou composto de marketing. Mas, para darmos seguimento a essa interligação, vamos relembrar especificamente em que consiste o marketing-mix. De acordo com o glossário disponibilizado pela Universidade Federal do Rio Grande do Sul (UFRGS, 2005), o termo pode ser assim entendido:

> *conjunto formado por estratégias de tomada de decisões, que objetivam atender às necessidades e preferências de um mercado. Seu conjunto forma o composto de Marketing ou Marketing-Mix – "mistura" dos quatro elementos de estratégia para atender às necessidades e preferências de um mercado (alvo específico). Cada estratégia é uma variável no composto.*

Além dos fatores conhecidos como 4 Ps (produto, praça, preço e promoção), precisamos também considerar o sistema de distribuição e de comunicação, bem como dar a devida atenção aos aspectos relacionados à escolha de marcas e embalagens, por exemplo.

Nesse cenário, aquilo que é trabalhado mediante a aplicação desse procedimento de encadeamentos lógicos conduz a um marketing-mix racional e eficiente (Richers, 2000) para produtos e/ou serviços, bem como para políticos.

Afinal, **o político é um produto ou um serviço? Ou os dois?**

É interessante refletirmos sobre isso: uma condição fundamental nesse processo de elaboração e aplicação do marketing-mix em política é estarmos atentos ao fato de que a melhor forma de iniciarmos um plano de marketing é partir da definição e da codificação dos potenciais regionais, os quais servem como referencial para tudo o que se segue em marketing.

Podemos observar que a concretização das metas de racionalidade e eficiência em uma empresa está sujeita à busca contínua pelo aumento da produtividade por meio de ações como:

» a organização racional do trabalho;
» a divisão mais eficaz das etapas do processo produtivo;
» a interação entre a direção e as demais pessoas que compõem o corpo funcional da instituição;
» o estabelecimento de parcerias com fornecedores e clientes;
» a criação de uma cultura organizacional que estabeleça um paradigma de gestão que auxilie na busca da excelência e da qualidade.

E na política? Como ocorrem esse processo e esses procedimentos? Como se dá a concretização das **metas de racionalidade e eficiência do mix de marketing**? Primeiramente, precisamos ter uma visão ampla desse cenário mercadológico. Assim, a essência do marketing (político) consiste em:

» detectar as qualidades do candidato por meio da aplicação de métodos de pesquisa, planejamento e estratégias;
» direcionar estratégias no sentido de alcançar o eleitorado que mais se identifique com tais qualidades;
» amenizar as deficiências que o candidato apresente.

No marketing político, as estratégias baseiam-se no composto mercadológico. Vejamos a seguir algumas noções básicas para compreender esse conceito:

a. O candidato ou partido pode ser considerado em alguns aspectos o "P" de *produto*, características clássicas, como suas qualidades ou virtudes; por exemplo, ser bom orador, ter boa influência em uma classe social em razão de suas ideias, e assim por diante.

b. A localização geográfica a que ele pertence e onde está seu reduto eleitoral corresponde ao "P" de *praça*. Por exemplo, no Estado do Paraná são 399 municípios, contudo, são eleitos apenas 54 deputados estaduais; destes, muitos são conhecidos apenas no seu reduto, ou melhor, no seu município ou região de atuação. Esse aspecto fortalece a comunicação no local: candidato e eleitor podem fazer parte de alguma agremiação, centro comunitário, instituição religiosa, sindicato ou outras entidades e/ou atividades.

c. As estratégias mercadológicas durante o período que precede o pleito constituem-se no "P" de *promoção*, dependendo da legislação vigente; por exemplo, a distribuição de santinhos nos dias e prazos estabelecidos; a gravação de programas de rádio e TV; a alocação de placas e *banners*; o uso dos recursos de internet, e assim por diante. Nessas circunstâncias, são feitas pesquisas que tratam dos critérios para a escolha do candidato, por meio das quais se avalia se a imagem pessoal do candidato e de sua proposta está em primeiríssimo lugar, em vez de se fazer uma avaliação criteriosa da bandeira ou ideologia partidária. Adequar a proposta à realidade é fundamental para o sucesso da campanha.

d. O voto no dia da eleição é, por fim, o "P" de *preço*, ocasião em que fica claro que, ao contrário do marketing convencional, nesse mercado há dia e hora marcados para a compra ou não do candidato, representada pelo voto e não voto no candidato ou partido oferecido na ocasião da eleição.

É importante lembrarmos que o marketing é do bem. Todo esse processo serve para ajudar a campanha e não deve ser visto como algo negativo. Marketing eleitoral bem-feito e com ética é bem-vindo na sociedade moderna, pois colabora para o levantamento das necessidades e aspirações da comunidade, além de servir para apresentar as propostas e os perfis dos candidatos.

Mercado consumidor e mercado eleitoral

Quanto ao mercado, iremos recorrer ao estudo de Simões (1986) sobre as definições da American Marketing Association, a qual conceitua *mercado* como a soma das forças ou condições a partir das quais os compradores e vendedores tomam decisões que resultam na transferência de bens e serviços. O termo pode também ser compreendido como a demanda agregada dos compradores potenciais de um produto ou serviço.

Podemos, ainda, considerar o mercado como um grupo de compradores e de vendedores dentro de uma área geográfica, que compram produtos únicos ou similares, em uma fase particular do comércio ou em um determinado momento ou processo de troca, no qual participam de uma série de atividades necessárias à transformação de bens e serviços em objetos de consumo.

E qual seria, então, o papel do profissional de marketing considerando-se, na apreciação desse processo, que mercado consumidor é o conjunto de pessoas ou organizações à procura de bens ou serviços vendidos por uma empresa para satisfazer suas necessidades?

A empresa ou partido político precisa descobrir quem são as pessoas ou organizações que comprarão suas mercadorias, ou seja, quem procurará seus serviços ou votará em seus candidatos. Quanto mais informações forem obtidas sobre essas pessoas ou organizações, mais chances terá a empresa ou partido de definir mercadorias ou serviços que melhor atendam às necessidades ou às exigências do mercado consumidor e/ou eleitoral.

E quanto aos candidatos? Eles também precisam conhecer o mercado consumidor e suas necessidades e/ou exigências?

Ao abordarmos o tema *mercado consumidor*, devemos considerar o aspecto de valor, fator que, na concepção de Kotler (1998), apresenta uma pluralidade de significações interligadas:

» **Valor entregue ao consumidor** – Refere-se à diferença entre o valor total esperado e o custo total do consumidor.

» **Valor total para o consumidor** – É o conjunto de benefícios esperados por determinado produto ou serviço.

» **Custo total do consumidor** – Consiste no conjunto de benefícios esperados na avaliação, obtenção e uso do produto ou serviço.

Aprofundando o olhar nesse processo mercadológico, ainda segundo Kotler (1998), a satisfação pós-compra depende do desempenho da oferta em relação às expectativas do comprador.

Acrescenta Kotler (1998) que, em geral, satisfação é o sentimento de prazer ou desapontamento resultante da comparação do desempenho esperado pelo produto ou serviço – isto é, o resultado – em relação às expectativas da pessoa.

Para uma melhor compreensão do processo de satisfação de expectativas dos eleitores, devemos nos lembrar de que o marketing surgiu quando o ser humano fez a primeira troca, conforme afirma Maya (1995). Afinal, as empresas que estão voltadas com muita insistência para suas mercadorias ou serviços, projetando-os sem observar o mercado, muitas vezes descobrem, tardiamente, que há poucos compradores para aquilo que oferecem ou que será muito caro adaptá-los às necessidades ou às exigências do cliente. Elas se esquecem de que o marketing ou o produto deveriam satisfazer uma necessidade do consumidor (eleitor). Assim, um político eleito, mas que não satisfaça a expectativa dos seus eleitores (clientes) provavelmente não será reeleito futuramente.

Portanto, é importante conhecer o perfil das pessoas que buscam o tipo de serviço ou de mercadoria que pretendemos colocar no mercado. Para tal, é necessário angariar informações sobre elas (Churchill Jr.; Peter, 2000), em especial relativas aos seguintes aspectos:

» idade, sexo, nível de renda, tipo de trabalho, nível de instrução;
» hábitos, gostos, formas de lazer;
» outras informações que possam ser úteis considerando-se fatores específicos da população e do local onde pretendemos estabelecer a empresa ou ofertar as mercadorias ou os serviços que temos em mente.

Na mesma linha de análise, podemos ainda afirmar que, no mercado eleitoral brasileiro, os critérios de segmentação são de grande relevância no que diz respeito à decisão do voto, à compra da ideia defendida. Isso porque, em uma campanha política, a situação é similar à do mercado e, assim, o discurso deve estar engatado em temáticas que expressem as grandes demandas do mercado eleitoral, as quais, se considerarmos o momento atual, de modo geral, situam-se, entre outros temas, em ações relativas à segurança/violência, ao emprego, à saúde, à educação, à retomada do desenvolvimento com apoio aos pequenos e médios produtores, à questão dos juros altos e da reforma tributária, à reforma política, ao combate à corrupção, à justiça social e aos grandes programas de combate à pobreza.

Esses assuntos devem estar necessariamente na mente do candidato, para que ele possa fornecer a seus eleitores a satisfação às demandas observadas. A diferença estará em como ele irá posicionar-se diante de cada tema ou como irá tratá-lo.

Aliás, as eleições de 2008 (para as prefeituras, no Brasil, e para a presidência, nos Estados Unidos) oferecem uma boa amostragem disso. De certa forma, as necessidades da sociedade apareceram naquilo que os candidatos trouxeram como cardápio de prestação de serviços, sendo que a semelhança entre as propostas de governo foram muito grandes, apesar das ideologias partidárias contrárias (outras contraditórias). É só observarmos as campanhas.

Vamos transcrever alguns exemplos desse cenário fazendo uso de material publicado pela imprensa na época.

> **Blog Campanha no Ar: Marta lança "morada do idoso" na reta final**
> A cinco dias do segundo turno das eleições municipais, a candidata do PT à Prefeitura de São Paulo, Marta Suplicy, apresenta nova proposta social, na tentativa de reverter sua desvantagem das últimas pesquisas de intenção de voto na capital. Em seu

> programa eleitoral no rádio, a petista propôs a "moradia do idoso", informa Michele Oliveira no blog Campanha no Ar.
> [...]
>
> Fonte: Blog...., 2008.

O trecho da notícia publicada na *Folha online*, referente às eleições municipais de 2008, deixa nítido o objetivo daquilo que a candidata oferecia, ou seja, uma proposta visando atender a uma demanda social – "moradia do idoso" – para obter votos, ou seja, para conquistar compradores de seus serviços como administradora da prefeitura, uma demonstração nítida de segmentação de mercado; aliás, bem utilizada – palmas para a equipe de marketing.

Mas não é só a candidata em questão que desenvolveu um programa voltado para o atendimento de aspirações sociais. Se fizermos uma pesquisa em nossa cidade ou em outra cidade qualquer sobre as propostas de programa de governo dos candidatos a prefeitos, provavelmente encontraremos dados abundantes (por meio de busca em *sites* da internet, jornais, revistas) capazes de comprovar tal situação entre a oferta de serviços do candidato e as necessidades da população. Afinal, a função dos governantes é trabalhar para a comunidade de modo a realizar as aspirações coletivas.

> **Candidatos têm planos de governo parecidos**
> O programa de governo do prefeito Gilberto Kassab (DEM), lançado ontem, mantém a mesma característica dos projetos

> de seus dois principais adversários, Marta Suplicy (PT) e Geraldo Alckmin (PSDB) [...].
> Além disso, as propostas de Kassab, Marta e Alckmin se assemelham em muitos pontos. [...]
> Na saúde, todos prometem construir três hospitais. O da Brasilândia e o de Parelheiros são unanimidade. Marta promete ainda o Jaçanã-Tremembé, enquanto Kassab fala apenas em "um hospital na zona leste" e Alckmin promete um hospital em São Mateus. Enquanto Kassab fala nas AMAs Sorriso, Marta promete, "em parceria com o governo federal", ampliar o Brasil Sorridente. Alckmin também quer "levar dentistas às UBSs (Unidades Básicas de Saúde)".

Fonte: Boni; Mello, 2008.

Nesse artigo, publicado na *Folha de S. Paulo*, o colunista alertou justamente para a similaridade das propostas dos três candidatos, o que é um fato óbvio se considerarmos que as necessidades da cidade não mudam com a mudança de candidato. Logo, embora defendam (ou devam defender) ideologias e filosofias diferentes, o serviço a ser feito é o mesmo: corresponder às aspirações da população, satisfazer suas necessidades.

Sob tais parâmetros, está no centro das discussões o marketing político – para uns, vilão, para outros, mocinho, como afirma Rego (2002). Os perfis dos candidatos são alavancados pelos chamados *marqueteiros* quando chega a época das eleições. O trabalho desses profissionais consiste em ajustar o discurso dos candidatos e dar a eles grande visibilidade por meio do sistema de comunicação.

Contudo, na opinião de Rego (1985), o importante é o candidato definir os segmentos de mercado. A localização geográfica se completa com a identificação dos comportamentos do eleitor-alvo. O conhecimento do eleitor ensejará tópicos para o ajuste de programas e mensagens.

> **Candidatos à Casa Branca focam campanha em economia**
>
> Os candidatos à Presidência dos Estados Unidos trocaram mais uma vez, nesta terça-feira [21/10/2008], acusações sobre seus programas econômicos enquanto faziam campanha em Estados-chave para as eleições de 4 de novembro.

Fonte: Candidatos ..., 2008.

Você deve lembrar que a campanha política para a presidência dos Estados Unidos (2008) ocorreu em um período de crise econômica, que assolou aquele país e o mundo globalizado em geral, situação que teve início com a crise do crédito imobiliário norte-americano na segunda metade do ano de 2008 e alastrou-se para todos os setores. É natural, portanto, diante do que foi exposto sobre marketing, que os candidatos à presidência daquele país direcionassem seus discursos políticos e suas propostas para a área da economia, pois era esse, na época, o setor que provocava maior aflição e maior expectativa no eleitor – era o foco do eleitorado e, portanto, também o foco das campanhas.

Mercado concorrente

Retornando ao âmbito do mercado de produtos e de serviços (não necessariamente com relação ao universo da política) em sociedades modernas, podemos afirmar que geralmente a concorrência gira em torno da diferenciação do produto e/ou serviço (qualidade), e não do preço. Nesse sentido, concordamos com a afirmação de Kotler (1998, p. 48) sobre a posição a ser tomada em relação aos concorrentes:

Para ser bem-sucedida a empresa deve satisfazer as necessidades e os desejos dos consumidores melhor que seus concorrentes. Os profissionais de marketing não devem apenas visar às necessidades dos consumidores-alvos; devem também alcançar vantagens estratégicas, posicionando suas ofertas contra as de seus concorrentes na cabeça dos consumidores.

Considerando-se essa condição, começar a observar o mercado concorrente por meio das mercadorias ou dos serviços que ele oferece pode ser uma boa alternativa. Além disso, é valoroso conhecer algumas características do produto do concorrente, tais como: qualidade, preço, acabamento, durabilidade, embalagem, tamanho, cor, atendimento e tecnologia. Esses são aspectos relevantes na área mercantil. Mas e na política? Trata-se da mesma situação?

Se observarmos as campanhas eleitorais e todo o cenário midiático em que ficam envolvidos os políticos antes, durante e após as eleições, poderemos chegar a conclusões interessantes.

Os estudiosos e profissionais da área, de modo geral, sugerem até mesmo que experimentemos as mercadorias ou os serviços dos concorrentes a fim de verificarmos o que pode ser melhorado ou, até mesmo, o que pode ser inovado em relação às mercadorias ou aos serviços disponíveis (essa prática é conhecida como *benchmarking*). Nesse sentido, é interessante também identificarmos:

» a fatia do mercado consumidor que já é atendida; e
» se há fatias ainda não alcançadas pelo mercado concorrente.

Com base nesses dados, podemos estabelecer uma **estratégia de ação** que priorize aqueles produtos considerados mais significativos para a empresa em detrimento de outros que não apresentem o mesmo desempenho.

No âmbito eleitoral, os resultados nas urnas mostram, por exemplo, a cada eleição que passa, que o ataque ao adversário está em desuso, prejudicando os que ainda insistem nessa tática. Um exemplo vivo dessa guinada estratégica é o sucesso de alguns candidatos que mostram ter boa postura e tornam público o não ataque aos concorrentes, crescendo, assim, em popularidade a cada pleito – é cada vez mais impopular a atitude de ataque pessoal ou de ataque à localidade.

No mercado convencional, a análise da situação permite apresentarmos dados relativos ao mercado, aos produtos, às vendas e aos serviços. Esses dados são essenciais para o desenvolvimento de um **planejamento estratégico**. Para a realização desse planejamento, devemos:

» analisar o ambiente econômico, o clima de negócios, as áreas da companhia e as operações que elas poderão influenciar;

» levar em consideração os produtos-chave, bem como a posição em relação aos mercados estratégicos e às áreas-chave de venda.

E o que acontece na política?

Não é diferente, com certeza. Como veremos mais adiante neste livro (Capítulo 3), também existe um planejamento estratégico no marketing político. O candidato precisa ser visto e o seu programa, conhecido. Para isso, de acordo com Rego (2002), no planejamento a criatividade é importante, principalmente na elaboração de programas de TV e rádio.

A **criatividade** faz a diferença: ela aparece no *slogan*, na música, no clipe, nos formatos dos quadros televisivos, nos *sketches* de rádio e na campanha de rua. Mas o **dinheiro** também é fundamental para alavancar todos os quatro eixos da campanha (os quais serão detalhados no Capítulo 4).

Uma campanha criativa precisa ser vista e, para isso, o programa criativo carece de uma base técnica, recursos de computação gráfica e linguagem, que custam caro; portanto, a questão financeira acaba por interligar-se com a criatividade.

Mas como se explicam casos como o do Professor Galdino? Foi eleito vereador com quase 12.000 votos na eleição municipal de Curitiba de 2008, usando pouquíssimos recursos financeiros e baseando-se em suas propostas e em muita criatividade. Para finalizar este capítulo, passemos ao estudo desse caso.

Estudo de caso
Professor Galdino: uma eleição com gastos franciscanos

"Professor Galdino, Professor Galdino: 45-0-21!" Esse foi um *jingle* com alto índice de aprovação. Um exemplo de marketing de sucesso. Por que falamos isso?

Crédito: Professor Galdino

Foi com esse refrão e com um triciclo – depois de gastar apenas R$ 420,00 – que o Professor Galdino (candidato, então, do PV e atualmente no PSDB) elegeu-se para vereador em Curitiba nas eleições de 2008. E não foi simplesmente eleito: Galdino recebeu uma margem significativa de votos: 11.736 (6º colocado entre todos os vereadores).

Em sua campanha, usou como estratégia caminhar e pedalar pela cidade (Curitiba) cantando seu *jingle* (no triciclo havia uma caixa de som que reproduzia a música). O candidato também distribuía santinhos e conversava com a população.

Assim, com uma proposta em que dizia ter como prioridades a saúde e a educação, esse paranaense de Ivaí saiu vitorioso em sua terceira candidatura. Fora candidato em 2004 a vereador, quando obteve 1.612 votos, e em 2006 havia concorrido como candidato à Assembleia Legislativa Estadual (PR), ocasião em que conseguiu 12.206 votos, os quais não foram suficientes para que fosse eleito na época.

Podemos dizer que a eleição do Professor Galdino se inclui nos casos esporádicos de **eleição franciscana**, aquela feita com o mínimo de recursos, realizada com base na criatividade e que pode ser citada no marketing corporativo como estratégia de **marketing de guerrilha**. Nesse tipo de marketing, utilizam-se maneiras não convencionais para executar as atividades de marketing, em geral com orçamentos "apertados".

Outro aspecto relevante que esse caso traz à tona, na visão ampla e abrangente do marketing político, é a necessidade de estar atento à opinião pública. Quanto ao tema, Kuntz (1998) ressalta que é importante observarmos que a opinião pública nunca é unânime ou permanente, tampouco absoluta. Logo, quando falamos em opinião pública, devemos ter em mente que ela consiste na mais simples média da opinião de uma eventual maioria indicadora das tendências sociais. Trata-se de um instrumento aferidor da escala média de valores e padrões aceitos pela sociedade em determinado momento. Para compreendê-la, precisamos observar o cenário político existente no momento.

Direcionar uma campanha e balizá-la dentro dos limites consensuais e absorvíveis pela média da opinião dos eleitores pode ser uma alternativa atraente, mas nem sempre a melhor ou a mais indicada, afinal, é necessário agregar a tais informações o carisma do candidato (fator relevante no processo eleitoral).

Observamos no cenário mercadológico que as campanhas eleitorais buscam paradigmas no marketing de produção e de serviços, entre outros. Ao fazer essa transposição de área, são mantidas concepções válidas, mas é preciso adequá-las a um produto ou serviço diferenciado: os cargos públicos e/ou o político.

E, nessa área específica, a do marketing político, é necessário estabelecermos algumas linhas de ação e/ou procedimentos básicos, como definir a segmentação de mercado a ser atingido, para que possamos identificar o perfil do público-alvo e suas demandas, processo no qual estão envolvidos aspectos de um planejamento estratégico e em que devem emergir estratégias de ação e um discurso sintonizados com as aspirações, necessidades e exigências do eleitorado.

Além disso, é de fundamental importância que esse planejamento seja criativo, considere a parte financeira (recurso disponível), ouça a opinião pública, pesquise seu mercado, bem como conheça o público (eleitores) e a concorrência (outros candidatos) – exatamente como ilustra o caso do Professor Galdino.

Ou seja, a prática do *benchmarking* é capaz de produzir satisfação e encantamento no eleitor quando apresenta qualidade superior ao que é oferecido pelos oponentes.

Síntese

Estudamos neste capítulo temos extremamente relevantes para a compreensão do assunto tratado nesta obra. Partimos dos principais conceitos de marketing e dos tipos de apelos visuais modernos, tais como animações, desenhos e recursos tecnológicos que servem de apoio à comunicação eleitoral. Analisamos a real aplicação de conceitos de comunicação em campanhas políticas, como a técnica AIDAS, bem como de técnicas fundamentadas em áreas como a estatística, a demografia e a geopolítica. Também tratamos da marca do candidato ou partido e de seu valor mercadológico, além de apresentarmos *cases* reais do mundo político para uma melhor compreensão do processo político como um todo.

Questões para revisão

1. Entre as funções da mercadologia, destacam-se, considerando-se a classificação de Cobra (1992), cinco principais: gerência do produto, definição do preço, distribuição, publicidade e vendas. Em relação à gerência de produto, podemos afirmar que:

    a. é determinada de acordo com os custos, o poder aquisitivo do mercado e os preços dos produtos concorrentes.

    b. acompanha o bem ou o serviço desde a concepção até os estágios de pesquisa, *design*, desenvolvimento e fabricação e lançamento no mercado.

    c. é feita por um ou vários canais, em venda direta ao consumidor ou por intermediários. A distribuição do produto depende de sua natureza e da forma como a venda é feita. Os canais tradicionais de distribuição são o atacado, o varejo e as vendas industriais.

d. seleciona as características do bem que sejam capazes de atrair o público-alvo e de criar na mente do consumidor diferenciações positivas do produto em relação aos concorrentes.

2. O conceito AIDAS baseia-se nas seguintes premissas:
   a. A – Atenção, I – Interesse, D – Desejo, A – Ação, S – Satisfação.
   b. A – Atenção, I – Intenção, D – Doação, A – Ação, S – Satisfação.
   c. A – Atenção, I – Interesse, D – Doação, A – Ação, S – Satisfação.
   d. A – Atitude, I – Interesse, D – Desejo, A – Ação, S – Simpatia.

3. De acordo com o que foi estudado, podemos afirmar que a mercadologia utiliza técnicas fundamentadas em:
   a. estatística; demografia; geologia; interpretação da legislação aplicável à área objeto de análise; meios de comunicação; econometria.
   b. estatística; demografia; geopolítica; interpretação da legislação aplicável à área objeto de análise; meios de comunicação; econometria.
   c. estatística; demografia; geopolítica; interpretação da legislação aplicável à área objeto de análise, exceto meios de comunicação; econometria.

d. estatística; demografia, exceto geopolítica e interpretação da legislação aplicável à área objeto de análise; meios de comunicação; econometria.

4. Podemos afirmar que os partidos e os profissionais de marketing precisam considerar a necessidade de os candidatos estarem identificados com a demanda dos eleitores, uma vez que há no cenário político brasileiro um adensamento de perfis antigos que caminham na esteira da velha política. No entanto, o eleitor quer ver perfis mais identificados com suas grandes demandas. Com base nesse descrição, descreva quais as referidas demandas destacadas no texto.

5. É fato que a criatividade faz a diferença: ela aparece no *slogan*, na música, no clipe, nos formatos dos quadros televisivos, nos *sketches* de rádio e na campanha de rua. Mas o dinheiro também é fundamental para alavancar todos os quatro eixos da campanha, isso é fato. A obra destaca, porém, um *case* no qual o objetivo do candidato foi alcançado com o uso de recursos mínimos e de muita criatividade. Identifique o *case* e os recursos usados e discuta se os referidos artifícios seriam relevantes em uma nova campanha.

capítulo 3
planejamento de marketing no mercado eleitoral

Conteúdos do capítulo
» Planejamento estratégico.
» Orçamento e desenvolvimento de equipes.
» Estratégias de campanha.
» Estudo do eleitorado.
» Marketing no período pós-eleitoral.

No mercado eleitoral, a essência do marketing é a venda do candidato/produto ao consumidor/eleitor – o voto é a confirmação da venda – e difere do mercado tradicional por haver um dia certo para a venda ou aceitação do candidato ou partido e um conjunto específico de estudos e medidas que provêm estrategicamente o lançamento e a sustentação de um candidato no mercado eleitoral visando à vitória nas eleições. É sobre esse conjunto de estratégias, sistematizado em um planejamento, que vamos tratar neste captíulo, além de focarmos na relevância do planejamento estratégico no marketing político e no papel da pesquisa de mercado no contexto da campanha eleitoral. Destacaremos ainda a função do planejamento nas campanhas eleitorais e os aspectos característico desse tipo de planejamento, bem como a importância da criação e da manutenção de um orçamento para o período eleitoral e a formação de uma boa equipe estratégica, o *staff* de campanha.

O planejamento estratégico no marketing político

A fidelização é um ponto nodal no mercado corporativo. Isso porque é muito mais barato fidelizar do que conquistar um novo consumidor. No âmbito eleitoral, essa prática objetiva propor medidas cuja finalidade é manter o candidato ou o partido no poder, caso ele esteja atendendo às necessidades da população (eleitores).

Neste ponto, podemos concluir que, então, o marketing é ruim, porque nos "empurra" políticos de baixa qualidade. É importante lembrarmos: o marketing pode até vender (eleger), mas a recompra (reeleição), em caso de resultado negativo, será cada vez mais difícil – assim como os produtos de baixa qualidade têm um ciclo de vida muito curto no mercado, o mesmo vale para os políticos.

Nesse contexto, encontramos entre as atividades fundamentais do marketing a pesquisa de mercado, o planejamento do produto, a determinação de preços, a propaganda, a promoção de vendas e a distribuição, as quais, de forma resumida, podem ser definidas como formas de operacionalização caracterizadas da seguinte forma:

» A **pesquisa de mercado**, ou pesquisa eleitoral, visa conhecer as tendências do consumidor/eleitor em tudo o que possa interferir direta ou indiretamente em sua compra/voto.

» O **planejamento** do produto corresponde ao processo de moldar o candidato às necessidades e aos desejos do consumidor/eleitor.

» A **determinação de preços** consiste na adequação das propostas e de seus custos sociais considerando-se as propostas e os custos apresentados pelos adversários.

» Já a **propaganda**, a **promoção de vendas** e a **distribuição** têm por objetivo, respectivamente, tornar o produto/candidato conhecido, estimular a demanda e levar fisicamente o produto ao consumidor/eleitor.

Neste ponto da obra, vamos nos deter no planejamento, considerando que *planejar* – cujos sinônimos podem ser *engendrar* e *empreender* – é estabelecer ou determinar um conjunto de passos e ações. Nesse sentido, trata-se da proposição de um conjunto de procedimentos com o intuito de atingir um fim específico. Assim, o ato de planejar inclui análise, que é o desmembramento de uma meta ou conjunto de intenções em etapas, organizadas de tal maneira que possam ser executadas quase que automaticamente. A essa concepção é possível agregar outra, que resume bem o processo de marketing político: o planejamento se une à estratégia – o planejamento estratégico é a base do programa de uma empresa ou de um candidato. A partir do planejamento estratégico, é possível desenvolver uma missão clara, objetivos pontuais e estratégias funcionais.

Com relação ao planejamento estratégico, destacamos, ainda, dois aspectos funcionais:

1. Concorre para o bom andamento das atividades no processo de traçar um percurso antecipado para um determinado empreendimento ou projeto.
2. Sinaliza e orienta os instrumentos que podemos utilizar para antecipar as ações direcionadas para a realização de um determinado objetivo.

Assim, observamos que o planejamento estratégico consiste no desenvolvimento de processos, técnicas e atitudes administrativas e que, por sua vez, esses fatores proporcionam condições para avaliar as consequências futuras de determinadas ações e os direcionamentos devidos em função de objetivos empresariais. Desse modo, ele facilita as tomadas de decisão de forma rápida, ordenada e eficaz.

No cenário político, o objetivo do planejamento estratégico é capacitar o candidato a ganhar, da maneira mais eficiente possível, uma margem sustentável sobre seus concorrentes.

Nesse processo, a empresa ou o candidato buscam descobrir as fraquezas dos concorrentes para tirar proveito da situação. Porém, não devemos nos esquecer de que, quando incitado, o inimigo poderá contra-atacar; por isso, prever seus movimentos e planejar ações alternativas faz parte da dinâmica.

Podemos dizer, na contraparte, que a estratégia corporativa é sempre uma tentativa de alterar o poder de uma organização em relação aos seus concorrentes de maneira mais eficaz. Esse processo consiste na análise sistemática dos pontos fortes e fracos da organização e das oportunidades e ameaças do meio ambiente, ou seja, do entorno.

As empresas analisam esses fatores da mesma forma que os candidatos, com o intuito de estabelecer objetivos, estratégias e ações que possibilitem um aumento da competitividade da empresa ou da candidatura.

O papel do planejamento em campanhas eleitorais

O processo de planejamento é feito por etapas. O estudo do eleitorado é o equivalente ao estudo de mercado no marketing convencional, conhecido como *segmentação*. Trata-se de um fracionamento do mercado, tema amplamente abordado no estudo mercadológico; a segmentação de mercado é praticada em todas as áreas do marketing. Para o setor eleitoral, devemos elaborar uma analogia para uma compreensão mais adequada.

Por exemplo, você sabe qual é o vice-governador do seu estado? Ele é do interior ou da capital? Ele representa ou simboliza uma faixa social? Fique atento e observe sempre, pois você encontrará algumas características da mercadologia tradicional.

Geralmente, ao se lançar uma chapa para cargos majoritários, a escolha dos nomes considera vários aspectos, entre eles critérios partidários, alianças, qualidades e atributos dos candidatos, além do cenário social e político vigente. Mas também vale a pena pensar em outros dois aspectos: as **forças políticas** e **sua distribuição**.

Por exemplo, se o candidato a governador tiver um grande reconhecimento de seu trabalho na capital, o vice será, via de regra, alguém do interior, ou com maior potencial na capital, ou representando um setor da economia, uma causa social; um candidato a presidente populista provavelmente terá por vice alguém de perfil elitizado. Nos dias de hoje, existe a tendência de escolher um vice do sexo oposto, como aconteceu no Rio Grande do Sul em 2006, quando a candidata ao governo, na ocasião Yeda Crusius, representava a mudança radical, a força e a sensibilidade feminina, seguindo a tendência da mulher no comando (vale lembrar que a mulher no poder é uma tendência mundial positiva para todos os setores, não somente para a política), enquanto Paulo Afonso Feijó, seu vice, detinha um perfil muito ligado ao setor comercial e empresarial do estado em questão (foi escolhido o Administrador do Ano pelo Sindicado dos Administradores do Estado do Rio Grande do Sul em 1995). Entre outros méritos, se caracterizava por sua racionalidade na administração. Esse pensamento pode ser estendido para segmentos de raças, credos, sexo, entre outros modelos de diversificações no mercado, a fim de explorar os outros domicílios e segmentos eleitorais.

Esses aspectos são apenas uma entre muitas constatações possíveis sobre tendências. Destacamos que essa prática não é uma ciência exata, mas uma linha de raciocínio que segue determinada lógica. Podemos contextualizar esse fato com outros exemplos: a chapa vitoriosa no Estado do Paraná nos pleitos de 2002/2006, na qual constavam para governador Requião (forte politicamente na capital) e para vice Orlando Pessuti (forte politicamente no interior). Também em 2002/2006, as eleições presidenciais tiveram Lula para presidente (representando a classe trabalhadora) e José de Alencar para vice (representando o setor empresarial). Vale a pena ir um pouco mais além em nosso passado recente e resgatar o candidato à presidência de 1989/1990, Fernando Collor de Mello, que era jovem para os padrões da época – e, como contrabalanço, teve como vice o experiente e já grisalho Itamar Franco – novamente uma escolha por segmentação.

Agora cabe a nós refletir sobre essa teoria. Para isso, é necessário observarmos com mais atenção a política na nossa cidade ou no nosso estado (em seu aspecto mercadológico), indicando a melhor opção de composição para a localidade e para a comunicação de uma campanha.

Aspectos de planejamento em política

O planejamento abriga todos os aspectos de uma campanha política, como metas, objetivos, estratégias, táticas, meios e recursos, equipes e estrutura de operação, sistema de marketing e estudo dos adversários (Rego, 2002).

Nesse mesmo contexto de definições, Westwood (1996) declara que o termo *planejamento de marketing* é utilizado para descrever os métodos de aplicação dos recursos de marketing a fim de atingir os objetivos da área.

Naturalmente os recursos e os objetivos variam de candidato para candidato e continuarão se modificando com o tempo. É nesse tipo de situação que o planejamento precisa mostrar sua dinâmica, sua praticidade e, por que não, sua flexibilidade.

Resumindo, a dinâmica do planejamento de marketing serve para segmentar mercados, identificar o posicionamento do mercado, prever seu tamanho e planejar uma participação viável dentro de cada segmento.

Para Westwood (1996), esse processo não se restringe ao planejamento, pois envolve também outras atividades, como:

» realizar pesquisa de marketing dentro e fora da empresa – no caso do candidato, com seus possíveis eleitores;
» fazer suposições;
» fazer previsões;
» estabelecer objetivos de marketing;
» gerar estratégias de marketing;
» definir programas;
» determinar orçamentos;
» rever os resultados e revisar os objetivos, as estratégias ou os programas periodicamente.

Por sua vez, o processo de planejamento cria condições para que ocorram movimentos como:

» melhorar o uso dos recursos da empresa (ou campanha) para identificar as oportunidades de marketing;
» estimular o espírito de equipe e a identidade da empresa (ou do candidato);
» ajudar a empresa (ou o candidato) a deslocar-se em direção às suas metas corporativas.

Nesse processo, em vez de simplesmente embalar os candidatos como um produto palatável à maioria do eleitorado, o profissional trabalha para que os desejos do eleitorado, concordantes com determinada política, se transformem em movimento consciente, como ação transformadora da própria realidade.

Esse aspecto do marketing agrega ao processo eleitoral os fatores relativos a pesquisa, comunicação, articulação e mobilização.

A importância do planejamento

Considerando a crescente complexidade de nossa sociedade, é natural que as eleições acabem despertando uma atenção cada vez maior de grupos sociais organizados, atraindo quantias mais expressivas de capital e novas formas de conhecimento. Daí a crescente sofisticação das campanhas por meio do marketing. Porém, de nada adianta adotar desordenadamente processos, técnicas e instrumentos de marketing, se não houver uma visão integrada do que eles fazem. Essa visão é obtida por meio do planejamento do marketing.

Devemos, ainda, considerar que existe uma impressão generalizada de que o que conta é ter recursos e não necessariamente aspirações políticas no que diz respeito à representação dos interesses de segmentos sociais. A questão da representatividade do candidato, como você pode observar, principalmente pela imprensa, vai a cada dia cedendo espaço à suspeita e ao descrédito que cercam os políticos brasileiros de maneira geral.

Assim, cada vez mais o **processo científico e racional** de dirigir uma campanha – que é o próprio marketing eleitoral, segundo Lima (1998) – leva a colocarmos o planejamento em uma posição central, em especial quando levamos em conta a necessidade da melhor alocação possível dos recursos, que são escassos, o que contribui para diminuir um pouco a distância entre as campanhas mais populares (com muita garra e poucos recursos financeiros) e as candidaturas milionárias.

Um candidato está sujeito a muita pressão ao longo da campanha. Por isso, se ele não for capaz de avaliar e priorizar corretamente as situações e quiser resolver todas elas, ficará em uma posição bastante complicada. Se tudo virou prioridade, não há mais prioridades.

É justamente por esse motivo que Lima (1998, p. 19) afirma que "o planejamento permite determinar para onde sopra o vento, e qual a maneira de avançar com segurança". O segredo não é correr cada vez mais – é necessário correr de maneira constante, em direção a um rumo que já foi analisado, identificado e considerado como o melhor possível. O segredo é planejar o rumo e o ritmo da corrida.

Muitos candidatos preferem evitar ou minimizar a importância do planejamento, confiando no seu *feeling* ou na sua experiência política. Melhor seria assumir que preferem deixar tudo ao acaso. Assim poupariam tempo a seus assessores, que já poderiam partir direto para as justificativas da derrota, enquanto o candidato fica para lá e para cá, tal qual uma "barata tonta".

A história eleitoral – e, não por coincidência, a história das grandes batalhas – está repleta de pessoas que confiaram na sorte e que, em geral, acabaram perdendo. O impacto de decisões apressadas e mal planejadas pode ser fatal em uma campanha. O planejamento, na verdade, poupa tempo, pois minimiza os riscos de recuo em função de determinadas decisões.

Uma eleição acontece em um ambiente complexo, altamente competitivo, repleto de ameaças e com algumas oportunidades. Justamente por isso é que uma eleição nunca é igual a outra. Assim, a experiência é um bom referencial, mas jamais uma regra tácita.

Nesse ambiente hostil, em constante mutação, sobrevivem os que se adaptam, mas só vencem os que são capazes de interagir positivamente com o meio, tendo condições para decidir rapidamente, balanceando ameaças e oportunidades e obtendo vantagens competitivas em relação ao ambiente concorrencial em que atuam. Nesse âmbito, o planejamento garante a interação, por meio da "definição de um futuro desejado e dos meios eficazes para alcançá-lo" (Ackoff, 1974, p. 78).

> **Objetivamente, em que resulta o planejamento?**
>
> Resultante da formalização do processo de planejamento, o plano é como um mapa para atingirmos o alvo. Ele determina as escalas, as distâncias a serem percorridas e as alternativas de curso ou de regresso, no caso de ameaças incontornáveis.
>
> Um plano, de acordo com Lima (1998), é como um organismo vivo, que deve ser flexível para se adaptar a novas situações; é um referencial para os procedimentos que serão tomados. Ele contém as linhas gerais de ação da campanha (estratégia), os objetivos e o que é preciso ser feito para alcançá-los (os planos táticos ou operacionais).
>
> No entanto, embora o plano seja o produto do planejamento, muitas vezes ele não é o mais importante do processo. Sua importância reside no fato de o processo de planejamento permitir que os envolvidos em uma candidatura cheguem a palavras e definições comuns. Isso, por sua vez, torna a comunicação mais abrangente, rápida e confortável, aumentando a eficiência do trabalho e evitando um longo desperdício de tempo em reuniões. Assim, o candidato terá tempo disponível para o contato direto com os eleitores.

> No planejamento de marketing eleitoral, o candidato precisa fazer uma análise realista dos objetivos a que se propõe, tratando de separá-los em curto, médio e longo prazo. O estabelecimento dessa sequência permite ao candidato direcionar sua linha de comunicação com mais eficiência, visando obter um efeito de sinergia de uma eleição para outra, o que viabiliza a realização de um trabalho mais frutífero com suas bases no período entre eleições.

Detalhes do plano eleitoral de um candidato

Os assessores de agenda, estratégia, comunicação e marketing são os responsáveis por construir o planejamento do marketing político, inclusive do candidato já eleito, em detalhes, com todas as possíveis perspectivas futuras. Portanto, no planejamento devemos definir espaços adequados para tudo, isto é, para o ritual, para o discurso, para as aparições em TV e rádio, para as entrevistas à mídia, para as festas, para algumas visitas especiais que o candidato eleito deseja fazer, além de tempo para a família.

No planejamento, devemos, ainda, tratar claramente e com objetividade dos seguintes aspectos:

» atos simbólicos que o candidato desempenhará e seu comportamento;
» forma de se vestir;
» formas de comunicação que adotará em cada situação;
» marcas publicitárias que o candidato deseja associar ao seu governo e/ou à sua imagem.

Como podemos observar, em razão da crescente sofisticação das modernas técnicas de marketing nas disputas eleitorais, é cada vez mais importante que o candidato dirija sua campanha de maneira científica, de modo a maximizar suas chances de vitória em um cenário altamente competitivo.

Nesse sentido, relacionando o planejamento de marketing político com a pesquisa eleitoral, Tomazelli (1986, p. 30) destaca que

> O problema para executar um bom plano de pesquisa é o seu relativo alto custo, que deverá ser incluído no orçamento da campanha, e, por isso, muitas vezes acaba sendo relegada a segundo plano. Os candidatos preferem gastar este dinheiro em carros, panfletos e cabos eleitorais. O que não percebem é que podem estar jogando dinheiro fora, se as suas estratégias não estiverem corretas, se não tiverem embasamento nas reais necessidades e aspirações da população.

Nesse sentido, é imprescindível, para o bom andamento dos próximos passos de campanha, a formulação de um orçamento coerente; para tanto, precisamos contar com uma equipe competente.

Orçamento e equipe estratégica

O orçamento é o ponto de transição entre o planejamento e a execução de uma campanha. Somente a partir de sua avaliação é possível passarmos à etapa seguinte, que é a coordenação efetiva da campanha.

Orçamento

A elaboração do orçamento de campanha é considerada por muitos autores, como Kuntz (1998), uma tarefa complexa que já levou inúmeros candidatos experientes a cometer erros e até a arruinar suas campanhas.

Tal fato ocorre porque é comum que os valores inseridos no plano orçamentário sejam subavaliados; assim, quando a campanha já se encontra em fase adiantada, descobre-se que os recursos estimados não serão suficientes para cobrir os custos anuais e prosseguir no mesmo ritmo, levando os candidatos menos privilegiados financeiramente ao desespero, pois uma queda no ritmo de desenvolvimento de uma campanha pode significar um avanço dos concorrentes e, consequentemente, uma derrota nas urnas (Kuntz, 1998, p. 85).

Os erros de subavaliação e imprevisão, destacados por Kuntz (1998), ocorrem pelo fato de, muitas vezes, não ser levada em consideração a inflação dos custos no período entre a primeira estimativa e a execução posterior. É necessário prevermos, ainda, que em anos eleitorais há um acréscimo significativo na demanda de materiais e serviços utilizáveis nas campanhas.

Assim, para elaborarmos o orçamento da campanha, conforme orientação de Kuntz (1998), devemos considerar quatro etapas:

» **Primeira etapa** – Devemos proceder ao levantamento das necessidades de materiais e serviços, a curto, médio e longo prazo, determinando ainda a espécie, a qualidade e as quantidades a serem orçadas. Esses valores podem ser estimados utilizando-se os recursos obtidos na fase de planejamento, em que deverão constar quais os segmentos que pretendemos atingir, qual a quantidade de votos necessários e como estão distribuídos geograficamente esses votos. Além desses fatores, devemos levantar as características socioeconômicas e culturais do eleitorado e o programa de atuação do candidato.

» **Segunda etapa** – Depois de termos em mãos os dados referentes à quantidade e espécie de materiais e serviços a serem orçados, iniciamos a segunda etapa. Nela realizamos o levantamento das fontes de fornecimento e estimamos a capacidade de produção e qualificação de cada fornecedor. Devemos ainda avaliar a possibilidade de fornecimento de produtos ou serviços nos prazos ideais, procurando também sondar os mercados e detectar a previsão para o fornecimento regular de suas matérias-primas. Essa precaução gera economia ao candidato por meio da compra antecipada dos materiais mais solicitados durante um ano eleitoral, de modo a garantir seu suprimento a preços aceitáveis.

» **Terceira etapa** – Nesta fase, passamos ao levantamento dos custos que irão compor a previsão orçamentária da campanha, solicitando aos fornecedores previamente selecionados que informem seus preços e prazos de entrega.

» **Quarta etapa** – Completada a previsão orçamentária inicial, projetamos a provável inflação do custo de serviços no período até o dia da votação e acrescentamos um percentual idêntico ao custo total inicial.

Na elaboração do orçamento, os custos podem ser representados pelas seguintes classes de despesas:

» **Despesas de viagem** – Incluem os gastos com transportes, estadias, refeições e similares a serem feitos pelo candidato e sua comitiva durante a campanha. Podemos prever esses dados com base no roteiro do candidato e no calendário de sua atuação.

» **Despesas com contratações (recursos humanos)** – Representam as despesas realizadas na contratação de cabos eleitorais e assessores pessoais. Variam de acordo com a amplitude das regiões ou os segmentos sociais em que o candidato pretende atuar.

» **Despesas com serviços** – Correspondem aos gastos que têm ligação direta e física com a campanha, como serviços de bufê, agência de modelos, empresas de sonorização e iluminação, serviços de colocação, montagem e desmontagem de palanques e contratação de *shows*.

» **Despesas com materiais de campanha** – Referem-se à compra de materiais institucionais e promocionais, como faixas, pôsteres, impressos em geral, bandeirolas, adesivos e cartazes.

» **Despesas com brindes** – Além do custo de chaveiros, bonés, viseiras, canetas, isqueiros e porta-títulos de eleitor, devem ser somados os gastos com sua distribuição, cabendo sempre verificar a lei eleitoral vigente.

» **Despesas com mala-direta** – Incluem os gastos com listagem, etiquetas, envelopes, impressão, correio e outras despesas necessárias para o envio de material.

» **Despesas com comitês** – Referem-se aos gastos com aluguéis, consumo de água e energia, móveis e utensílios, materiais de escritório e de limpeza, conservação, telefone, salários etc.

» **Despesas com veículos** – São gastos que exigem montantes significativos, como compra ou o aluguel de automóveis, sonorização, motorista, combustível, manutenção, decoração externa e seguros.

» **Despesas de divulgação** – Incluem gastos com matérias pagas em jornais, revistas e em outros meios de comunicação.

» **Doações** – São gastos que variam de acordo com a disponibilidade financeira do candidato e o ajudam a fixar uma boa imagem com instituições filantrópicas, agremiações esportivas ou sociais, movimentos populares, entre outros agrupamentos dessa natureza.

Os gastos com materiais e serviços de campanha representam em média 30% e 40% dos recursos financeiros a serem despendidos (Kuntz, 1998). Por isso, um planejamento adequado de marketing eleitoral pode ser um valioso auxílio no agrupamento de apoios e de recursos financeiros, sempre tão precisos e disputados, pois uma boa apresentação da campanha reforça a imagem de uma organização eficiente, capaz de levar a candidatura à vitória.

Equipe estratégica

Todas as ações e decisões estratégicas precisam passar por uma criteriosa avaliação. Elas devem receber contribuições da equipe estratégica como forma de prevenção e planejamento de seus futuros desdobramentos.

Todos os envolvidos em marketing reconhecem que uma equipe de coordenação boa e eficiente é de grande importância para uma campanha bem-sucedida.

O perfil ideal dessa equipe é aquele já consolidado no senso comum, que diz: um político se faz também com a estruturação de uma equipe integrada de profissionais e de grupos de apoio nas mais diferentes áreas de atuação de uma campanha, capazes de contribuir com sugestões e opiniões e oferecer ao político novas perpectivas e conclusões sobre as ações, posicionamentos e posturas públicas que deverão ser adotados no decorrer do processo eleitoral.

Sob essa perspectiva, é conveniente para o político vocacionado, de acordo com Iten e Kobayashi (2002), que haja um relacionamento pessoal sadio, e por isso um bom político deve estar capacitado a identificar pessoas que tenham um perfil de trabalho em equipe. Obviamente, além disso, a equipe deve estar atenta às questões do marketing político e da comunicação e ao entendimento das aspirações sociais; além disso, deve ter uma boa capacidade de trabalho.

Dessa forma, o político cria, formal ou informalmente, o chamado *staff político*, que se compõe de profissionais e/ou colaboradores. Quando eles também estão capacitados para a ampliação do relacionamento social, profissional ou político, acabam gerando um grande número de adesões, que constituem a causa e a estrutura de campanha. O envolvimento de componentes do *staff* pode, em determinados casos, ganhar tamanha dimensão que, muitas vezes, ele será até mais importante que o próprio candidato, que amiúde ganha a condição de mero indutor de forças sociais e políticas ao poder.

A dinâmica de trabalho da equipe estratégica (*staff*) deve ser dirigida e disciplinada, visando estimular o conhecimento na forma de opiniões e articulações, para que não existam atritos e elevação de importância ou influência de uns sobre os demais.

Essa equipe estratégica deve contar inclusive com profissionais de determinadas áreas, como pesquisa científica, direito, comunicação e marketing – especialmente se já são conhecedores das técnicas do marketing eleitoral e político e da sociologia.

Nesse contexto, é interessante observarmos que, enquanto as lideranças sociais são essenciais para o fortalecimento da equipe, os parentes devem ser evitados, caso tendam a inibir as críticas ao candidato ou tenham como característica a personificação da intimidade ou de um relacionamento diferenciado. Evitá-los pode ser difícil, uma vez que muitas campanhas começam com o apoio familiar – de qualquer modo, eles não devem ser considerados inevitáveis na formulação de uma estratégia de campanha.

Aliás, para maximizar a criatividade pessoal e da equipe, é necessário encontrarmos um espaço fora do ambiente normal de atuação, além de estímulos que sirvam para induzir novos conceitos e desenvolver novas estratégias para fomentar a abordagem dos clientes pela empresa e, no caso de uma eleição, dos eleitores em relação ao candidato. Isso, em um dado momento, permitirá um melhor fluxo de ideias.

Destacamos isso porque muitas pessoas se deixam absorver demais pela pressão de suas rotinas diárias e perdem de vista as oportunidades criativas que abundam à sua volta, tanto a curto como a longo prazo. De acordo com Freemantle (2001), embora todas as transações com um cliente – ou um eleitor – apresentem uma oportunidade criativa, há a necessidade de ser criativo ao desenvolver alguma estratégia para a excelência do serviço com vistas à vantagem competitiva.

Nesse processo de formalização dos cenários de disputa, bem como de elaboração dos perfis de cada candidato concorrente, a equipe deve ser capaz de dar atenção especial, principalmente, entre tantos outros aspectos, aos ideológicos, financeiros e de agregação de apoio. Deve estar atenta, também, às possíveis adesões partidárias, no que concerne ao potencial e à capacidade de arregimentação de recursos para a campanha, e à capacidade de absorver adesões de perfil similar ao de sua candidatura.

A equipe precisa estar preparada para tais análises, pois a preparação de uma campanha eleitoral, de acordo com Iten e Kobayashi (2002), deve ter como base os seguintes preceitos:

» dados e tendências apurados em pesquisas;
» planejamento geral de campanha;
» planejamento de ações de rua;
» produção de material de campanha e desenvolvimento da linguagem de comunicação;
» estabelecimento de um calendário de atividades;
» identificação dos responsáveis pela arrecadação financeira;
» avaliação de eventuais pesquisas de opinião realizadas por terceiros, considerando suas variáveis qualitativas e quantitativas e suas tendências;
» ações políticas e partidárias pertinentes, como o cenário dos concorrentes.

Portanto, essa é uma área bem específica do marketing. O profissional que atua nesse âmbito precisa ser sobretudo um estrategista, um profissional com visão sistêmica de todos os eixos do marketing, que entenda uma campanha como algo mais que um apelo publicitário e que seja capaz de visualizar os novos nichos de interesse de uma sociedade exigente, crítica e sensível aos mandos e desmandos dos governantes.

Podemos afirmar que o profissional de marketing é importante nesse cenário pois funciona como um estrategista que define linhas de ação, orienta a escolha do discurso, ajusta as linguagens, define padrões de qualidade técnica, sugere iniciativas e até pondera sobre o programa do candidato e sobre os compromissos e ações a serem empreendidos.

O que caracteriza uma boa assessoria de marketing?

Uma boa assessoria de marketing deve conhecer profundamente as atividades que cercam o desenvolvimento de uma campanha eleitoral, não somente quanto aos aspectos promocionais e quanto às necessidades de comunicação, mas também quanto às características ligadas às áreas operacional e política da campanha. As armas mais importantes de um profissional de comunicação para favorecer uma campanha são:

» **capacidade e sensibilidade** para captar, com muita propriedade, as indicações das pesquisas;
» **visão abrangente** de todos os eixos de uma campanha, não se atendo apenas aos programas de TV;
» **poder de influência** sobre o candidato, principalmente no que concerne ao foco do discurso;
» **noção adequada do *timing* de campanha**, ou seja, das fases de lançamento do candidato, crescimento, consolidação, auge/clímax e declínio (Rego, 2002).

A experiência com essas atividades só é adquirida por meio do acompanhamento pessoal de campanhas eleitorais, principalmente aquelas que se desenvolvem no âmbito municipal, quando o contato com a população é muito mais íntimo e intenso. Em uma campanha de âmbito estadual, por exemplo,

> o alcance é mais restrito e o candidato deve tomar bastante cuidado com a credibilidade que passa a seus eleitores.
>
> **Afinal, qual é a importância da credibilidade para um candidato?** A credibilidade, na concepção de Kuntz (1998), é tão importante que, ao mesmo tempo que viabiliza o poder da imprensa, limita seu emprego e impede o abuso grosseiro do poder – se a sua consolidação é demorada e exige grandes investimentos, cautela e vigília, é fácil perdê-la; uma vez perdida, recuperá-la é quase impossível.

Estratégias de campanha

O marketing eleitoral e político tem características próprias em seus direcionamentos que o diferem do marketing tradicional. No cenário político, o produto é substituído por pessoas – pessoas que podem adoecer (acompanhamos, por exemplo, o caso de Tancredo Neves), ficar sujeitas a arroubos emocionais e atos impensados ou mesmo a questões legais.

Como exemplo, temos o caso de um dos candidatos à presidência em 1989, Silvio Santos (isso mesmo, o "homem do Baú" já foi candidato). Na época, ele foi impedido de continuar na disputa pois lançou sua candidatura apenas 15 dias antes do dia da eleição, e por isso sua candidatura foi impugnada a pedido de outros partidos. O candidato foi considerado inelegível por considerar que feria a legitimidade do pleito em relação à lei, que exige o afastamento da função em meios de comunicação de, no mínimo, 3 meses antes do dia das eleições. Esse caso vale uma olhadinha nos vídeos do senhor Abravanel no YouTube®.

Crédito: Divulgação

Voltando ao nosso raciocínio, é correto afirmarmos que, em vez de o candidato presidir a política – entendida como o conjunto de propostas e movimentos desenvolvidos em uma campanha eleitoral –, ele é presidido por ela (pela política). Os candidatos, nesse sentido, não se adequam aos desejos pessoais, mas trabalham para construir e desenvolver desejos em setores da população.

Um exemplo que ilustra essa condição é o caso do ex-presidente Luiz Inácio Lula da Silva. Após algumas derrotas em eleições presidenciais, Lula recebeu orientação do marketing para mudar sua imagem. Largou o perfil (embalagem) revolucionário, autoritário, e passou a mostrar-se como "Lula paz e amor", "vítima". Mudou e ganhou o pleito. Essa nova imagem estava mais próxima dos desejos do eleitorado. Houve identificação, o que não ocorria com a sua imagem de sindicalista.

Crédito: FolhaPress

Crédito: Ricardo Stuckert/Presidência da República Agência Brasil/Secretaria de Imprensa e Divulgação

Podemos observar, com base nos fatos políticos de nosso país, que uma campanha orientada pelo marketing eleitoral ou político apresenta algumas características básicas em suas diversas etapas, descritas na sequência.

Aspectos do estudo do eleitorado

Para compreendermos o eleitor, devemos aplicar métodos sistemáticos e científicos no estudo eleitoral, contrapostos aos métodos empíricos geralmente utilizados. Aqueles, os científicos, podem ser classificados em duas grandes categorias: a primeira a ser desenvolvida é a análise estatística das características sociodemográficas da população ou de um segmento dela por meio de

dados oficiais disponíveis (Rego, 1985). Já a segunda categoria
é composta pelas estratégias comunicativas.

A **primeira etapa** de uma campanha eleitoral apresenta
como propósitos principais:

» conhecer as atitudes e os comportamentos do eleitor;
» compreender as atitudes e os comportamentos do eleitor;
» prever as atitudes e os comportamentos do eleitor.

Nesse contexto, um exemplo interessante foi observado no pleito de 1990 para a presidência da República. Naquele momento, a agência responsável pela campanha de Fernando Collor de Mello realizou uma leitura única para a ocasião e adaptou, a partir da visão que formou do eleitorado, o discurso do candidato a cada segmento da sociedade. Quando Collor falava para multidões em áreas específicas com interesses específicos, a comunicação era direcionada levando em consideração essas áreas – mais ou menos popular, mais ou menos elaborada, e assim por diante. O fato é que todos viam um único caminho: ele, o "Caçador de Marajás". Criaram um posicionamento de super-herói, copiado por muitos políticos na ocasião – e com sucesso, é bom destacar. Está ficando claro? Isso é resultado da análise por segmentação, a mesma que direciona a distribuição dos encartes dos jornais por bairros em nossa cidade. Como é possível perceber, estamos falando constantemente de segmentação.

A **segunda etapa** na elaboração de um programa de marketing consiste na definição da estratégia de comunicação política a ser implementada, ou seja, na seleção e aplicação das técnicas de comunicação que melhor materializam o conceito pretendido, bem como na seleção dos públicos ou segmentos que sejam determinantes para maximizar a eficiência dos recursos disponíveis.

A fase de elaboração de estratégias caracteriza-se por atividades que consistem em apanhar e analisar informações sobre os processos de decisão e de comportamento dos públicos pelos quais uma organização – ou, no nosso caso, um político ou partido – tem interesse, ou seja, avaliar aspectos do público-alvo relacionados, entre outros fatores, com as características, os desejos, as motivações, as aspirações e os anseios do eleitor.

A campanha eleitoral que elegeu o presidente Collor incluía essas duas etapas: a análise por segmentação do público-alvo e o desenvolvimento de estratégias comunicativas (imagem e discurso) considerando-se as diversas camadas da população.

O marketing político no período pós-eleição

Até agora, tratamos de vários aspectos relacionados ao marketing e ao ambiente político, com ênfase nos processos de campanha eleitoral. Mas, como já observamos, o marketing não fica restrito ao período de campanha, embora, no período pós-eleitoral, muitos candidatos vitoriosos decidam que não precisam mais de uma estrutura de marketing. Na realidade, os candidatos eleitos precisam, sim, dessa estrutura, devendo-se ressaltar que o marketing do candidato vitorioso muda radicalmente seu foco e sua forma de ação. À imagem do candidato vitorioso deve suceder, em um breve espaço de tempo, a imagem de novo titular do cargo disputado.

A imagem do candidato vitorioso, conforme explana Rego (1985), é ainda uma imagem de "candidato", e somente de uma porção do eleitorado. A nova imagem que se exige é diferente. O titular do cargo se torna também o governante daqueles que não votaram nele.

Essa mudança radical na imagem precisa ser realizada em um curto espaço de tempo, no período de transição e de início do novo governo. Como tal, exige planejamento e técnicas especializados. Mudar a imagem de um partidário combativo para a de um estadista exige uma operação publicitária competente. Essa mudança precisa ocorrer por etapas sucessivas.

Em relação ao trabalho do marketing, nesses casos ele está concentrado na pessoa do candidato vitorioso, e não mais em peças publicitárias. É seu comportamento, suas declarações e suas primeiras iniciativas que têm o poder de provocar uma mudança na imagem.

Inicialmente, no pronunciamento de aceitação da vitória e nas declarações e entrevistas que se seguem, há espaço e oportunidade para os agradecimentos de praxe – aos companheiros, à família, aos eleitores; no entanto, a ênfase da fala deve ser colocada nas responsabilidades recém-assumidas e na declaração de que tal sujeito vai ser o governante de todos, que a eleição é uma página virada.

Nessas oportunidades, o candidato vitorioso deve subordinar seu legítimo sentimento de alegria e felicidade à exteriorização de um sentimento de responsabilidade com as funções e os poderes que o eleitor lhe conferiu. Serenidade e sobriedade são recomendadas nessas ocasiões. O respeito aos adversários, a ausência de qualquer forma de antagonismo, ressentimento e hostilidade e a afirmação convicta de que pretende governar para todos são atitudes decisivas para dar início àquela mudança de imagem pretendida.

O comportamento do vitorioso durante a transição deve confirmar com atos a disposição pessoal declarada. O cuidado com o que diz, a coerência entre o que é dito e o que é feito e as primeiras iniciativas serão observados de perto, como indicadores de suas reais intenções. Na transição, a relação com o governo que sai é sempre uma área sensível e delicada.

O pior que pode acontecer, nessa fase, é o ressurgimento de conflitos, acusações e hostilidades. Se isso ocorrer, o candidato deve recusar-se a entrar na "guerra" e esperar o momento de assumir para se certificar da realidade de governo.

É no período de transição que o candidato vai dar forma a seu governo e consolidar sua imagem de estadista. Nesse período, o recém-eleito deve separar algum tempo para viagens ao exterior, sempre a trabalho e a serviço dos projetos que pretende implantar. Deve haver tempo também para fazer viagens domésticas, com o intuito de efetivar reuniões com autoridades, ou para conhecer alguma obra ou programa que possam ser implantados no seu governo.

Essas viagens internacionais devem ser operações planejadas criteriosamente, pois são acompanhadas pela mídia e, portanto, excelentes oportunidades para a valorização da imagem. Mostram que o candidato, mesmo antes de assumir, já começou a trabalhar e têm ainda o mérito de afastá-lo, por alguns dias, da rotina das reuniões de transição e das perguntas sobre sua equipe de governo.

Além das viagens, outra ação de marketing que deve ser bem planejada é a "forma" como serão divulgadas as informações sobre o governo – os titulares dos cargos, as primeiras decisões, as prioridades iniciais. Essas informações devem ser divulgadas aos poucos, para que cada uma delas possa ter um tempo de mídia. Assim, o candidato eleito assegura uma intensa ocupação da mídia até o momento da posse.

Todas essas ações devem ser vistas tanto como ações políticas quanto como operações de marketing. O objetivo delas é fazer com que o futuro ocupante do cargo chegue ao dia da posse, no começo de seu governo, com mais popularidade do que tinha no dia em que venceu a eleição, sem, no entanto, despertar expectativas que não possa atender.

Em relação à posse, podemos afirmar que ela é o início efetivo do novo governo, uma data significativa, que exige um evento de grande porte e impacto em correspondência à sua importância. É um evento político, administrativo e social, mas é também um ato publicitário de grande porte.

Como ocorre com o lançamento da candidatura, a posse é um evento que se projeta sobre o futuro imediato. Entretanto, não pode depender exclusivamente do temperamento ou da disposição do governante a ser empossado. Há que se levar em conta o momento histórico, os sentimentos da população e a história da campanha. Um exemplo bastante claro do respeito ao momento histórico foi observado no início de 2010, quando da posse do Presidente Piñera, no Chile. Na ocasião, dias antes, o Chile havia sido sacudido por um terremoto e, portanto, ainda estava sob o impacto do acontecimento. Assim, a transição de mandato foi realizada em uma cerimônia sóbria.

Em outras palavras, não se trata apenas de uma questão de gosto do candidato, de sua preferência – trata-se basicamente de uma questão política, destinada a realizar objetivos políticos. O evento da posse é também considerado um evento de marketing político, e dos maiores. Os dias imediatamente anteriores e posteriores são especialmente propícios para ocupar os espaços da mídia com matérias sobre o governante e seus auxiliares, matérias biográficas, entrevistas mais longas e pessoais, divulgação das principais novidades e mudanças etc. Por isso, nesse momento, é necessário o assessoramento profissional do marketing para que as informações sejam aproveitadas inteligentemente e de forma a produzir impacto na opinião pública.

Além dessas matérias, para as quais a mídia terá não apenas boa vontade, mas interesse, esse é o momento também para a produção de peças publicitárias de todo tipo. Com a posse deverá surgir a "marca" da nova administração, se possível com seu "*slogan*". Nos locais onde haverá festividades, toda a parafernália da publicidade política pode ser usada: *banners*, cartazes, faixas etc. O evento deve estar submetido a uma logística precisa e competente, como se exige de um ato político maior que deve mover toda a opinião pública.

Nos período pós-eleição, é preciso fazer a representação visual do homem que está investido na função de autoridade. A forma como deve falar e se comportar na TV precisa ser ajustada pela equipe de marketing. É aconselhável, segundo Rego (1985), arrolar um conjunto de valores que permitam construir um conceito de governo, uma vez que a visão particular dos homens que fazem o governo favorece a criação de feudos.

Portanto, embora seja natural o aparecimento de gestões particulares, essa situação deve ser atenuada com a busca por um conceito global para o novo governo, entre os vários ângulos e valores, em que se possa contar com dignidade, valorização da classe política, probidade, honestidade de propósitos, um governo de portas abertas, procura pela melhor solução para o país, compromisso com o povo e com a democracia, competência e profissionalismo.

É dentro desses marcos que o estilo pessoal do governante deve se manifestar. O eleitor vai querer encontrar, por trás de todo o aparato publicitário, aquela pessoa em quem votou na campanha e que agora é uma autoridade.

Síntese

Neste capítulo, vimos como funciona o mercado eleitoral um pouco mais de perto, ressaltando que a essência do marketing é de fato a "venda" do candidato/produto ao consumidor/eleitor, sendo o voto, nesse sentido, a confirmação da venda. Destacamos, logicamente, as diferenças entre o mercado consumidor tradicional e o mercado eleitoral, que tem como objetivo, na maioria das vezes, a vitória nas eleições. Ressaltamos também a relevância da utilização de um conjunto de estratégias que, uma vez sistematizadas em um planejamento claro, têm grandes chances de influenciar uma vitória, principalmente se a pesquisa de mercado no contexto da campanha eleitoral for utilizada de forma correta.

Mencionamos também a importância da criação e da manutenção de um orçamento para todo o período eleitoral, bem como da formação de uma boa equipe estratégica, para não somente ganhar uma eleição, mas também fazer com que os projetos políticos perdurem.

Questões para revisão

1. No contexto do planejamento da campanha, a ação cuja finalidade é conhecer as tendências do consumidor/eleitor em tudo o que possa interferir direta ou indiretamente em sua compra/voto é chamada de:

    a. planejamento de mercado.
    b. promoção de vendas.
    c. orçamento partidário.
    d. pesquisa de mercado, ou pesquisa eleitoral.

2. No contexto do planejamento da campanha, a ação que corresponde ao processo de moldar o candidato às necessidades e aos desejos do consumidor/eleitor é compreendida como:

    a. pesquisa de mercado, ou pesquisa eleitoral.
    b. planejamento de produto.
    c. promoção de vendas.
    d. orçamento partidário.

3. No contexto do planejamento da campanha, as ações que têm por objetivo, respectivamente, tornar o produto/candidato conhecido, estimular a demanda e levar fisicamente o produto ao consumidor/eleitor são:
   a. pesquisa de mercado, ou pesquisa eleitoral.
   b. propaganda, promoção de vendas e distribuição.
   c. ações relativas à promoção de vendas.
   d. ações relativas ao orçamento partidário.

4. Conforme o contexto abordado na obra, quais são os aspectos funcionais do planejamento estratégico?

5. Observamos que, na dinâmica do planejamento de marketing, que tem como objetivo segmentar mercados, identificar o posicionamento do mercado, prever seu tamanho e planejar uma participação viável em cada segmento, podemos também destacar outras atividades. Descreva quais são elas de forma clara e objetiva.

capítulo 4
os quatro eixos do marketing eleitoral

> **Conteúdos do capítulo**
> » Tipologia de marketing.
> » Pesquisa eleitoral.
> » Importância da comunicação efetiva.
> » *Cases* de sucesso e fracasso.

O marketing eleitoral é um fenômeno muito complexo. No Brasil, tal fato se deve às especificidades e peculiaridades da política nacional, se comparada a outras democracias ocidentais mais consolidadas. Neste capítulo, agora que já avançamos no estudo do marketing eleitoral, vamos examinar em detalhes casos que ilustram a forma como se faz política – e, portanto, marketing político – no Brasil. Trataremos da tipologia de marketing e de conceitos do marketing político, como os quatro eixos do marketing eleitoral. Após os três primeiros capítulos, que serviram de embasamento para a discussão sobre o assunto desta obra, vamos começar a explorar nosso principal foco: a política.

Tipologia de marketing

Para darmos seguimento à abordagem dos temas do livro, é preciso que fique bem clara a distinção entre marketing político e marketing eleitoral, defazendo-se qualquer dúvida ou confusão sobre os termos. Segundo Gomes (2000, p. 27), eis a diferença entre o marketing político e o eleitoral:

> *O marketing político é uma estratégia permanente de aproximação do partido e do candidato com o cidadão em geral, enquanto que o eleitoral é uma estratégia voltada para um determinado período eleitoral, com o objetivo de fazer o partido ou o candidato vencer uma determinada eleição.*

O marketing político é um instrumento que pode dar notoriedade à ideologia partidária, pois seu trabalho é pesquisar as necessidades do cidadão e revitalizar o partido, a fim de contribuir com o debate entre líderes políticos e sindicais sobre as posturas do partido, além de programar atividades de debate com a sociedade civil. Quanto ao marketing eleitoral, destacamos que, além de ter o papel de eleger partidos e candidatos, também pode ajudar como acúmulo de forças quando não é possível ganhar uma eleição.

Para deixar mais claro, podemos identificar como **marketing eleitoral** as estratégicas mercadológicas de curto prazo, que utilizam as mídias adequadas em épocas de pleito segundo as regras do Tribunal Regional Eleitoral (TRE). Já o **marketing político** é composto de estratégias de longo prazo e tem como tarefa fixar uma imagem associando-a à chancela (marca) do partido, antes, durante e depois do mandato.

Andrade (2010) propõe uma classificação bastante didática – as diversas denominações do marketing são distribuídas em áreas e tipos, considerando-se que o marketing tem três fins básicos: o institucional, o comercial e o social. Nessa distribuição, as áreas são identificadas a partir de determinadas atividades. Os tipos, por sua vez, são o "como" do marketing (as estratégias) e podem ser comuns a várias áreas. Por exemplo, o marketing de relacionamento (tipo) pode ser utilizado no marketing político (área), no de serviços (área), no de varejo (área) etc.

Sob essa perspectiva, segundo a qual o marketing político é uma área do marketing, o marketing eleitoral seria uma subárea. Seguindo essa lógica, encontramos mais uma subárea no marketing político: a do período pós-eleitoral.

Podemos verificar que, em qualquer desses espaços/tempos (área e subáreas), os tipos de marketing podem ser os mesmos: viral, de emboscada, direto, eletrônico, entre outros. Vamos, portanto, com a finalidade didática de entender a abrangência de cada uma dessas atividades (marketing político, eleitoral e pós-eleitoral), relacioná-las em uma figura.

Figura 4.1 – Divisão do marketing político

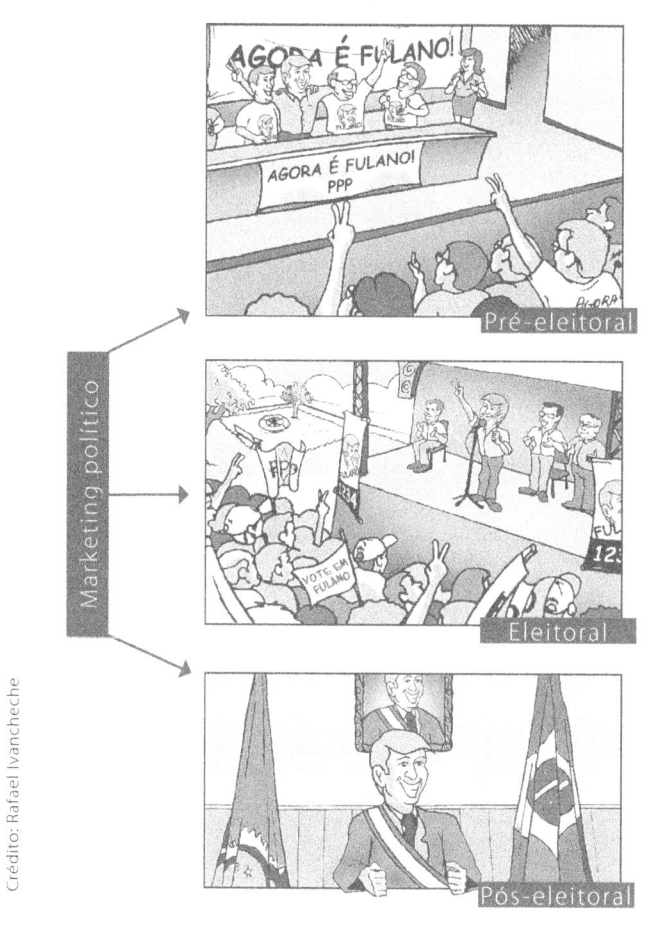

Mas, afinal, que tipo de fenômeno está relacionado às campanhas eleitorais no Brasil? Quais devem ser os eixos das campanhas políticas?

De um lado, temos um eleitorado pouco escolarizado, que utiliza a mídia eletrônica como principal fonte de informação; de outro, um quadro partidário que não oferece aos eleitores referências políticas estáveis e práticas confiáveis. Daí a importância da televisão e de um programa criativo. No entanto, as campanhas eleitorais brasileiras, por tais peculiaridades, tornam-se de certa forma fascinantes.

Vale destacar que uma campanha política não é feita apenas de comunicação de TV e rádio. Aqui aparece a primeira grande confusão quanto ao marketing. Não adianta apenas saber fazer bons programas de TV; eles são ferramentas essenciais, mas não as únicas. Outros eixos também são importantes: a mobilização em eventos, comícios, showmícios, reuniões e encontros do candidato com as massas. Há, ainda, o eixo da articulação, que aparece na formação de alianças, nas parcerias com associações, sindicatos e entidades organizadas da sociedade civil. Sem a combinação desses eixos fundamentais (entre eles, não podemos nos esquecer da pesquisa), as campanhas ficam capengas, tortas, frouxas. É preciso também muito cuidado para evitar campanhas que pendem mais para um lado que para outro.

Resumindo, é importante mantermos o foco sobre os quatro eixos do marketing eleitoral: a **pesquisa**, a **comunicação**, a **articulação** e a **mobilização**.

Figura 4.2 – Os quatro eixos do marketing eleitoral

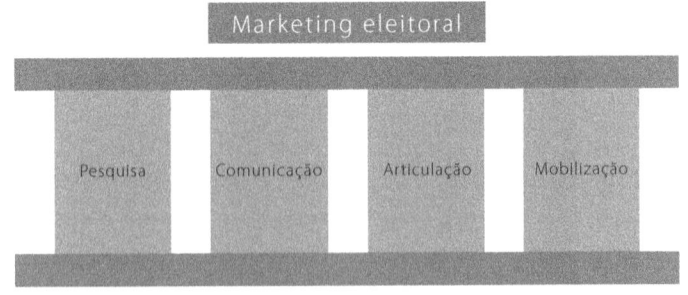

Marketing eleitoral			
Pesquisa	Comunicação	Articulação	Mobilização

A pesquisa eleitoral

Entendemos *mercado consumidor* (mercado eleitoral) como o conjunto de pessoas ou as organizações que procuram bens ou serviços vendidos por uma empresa para satisfazer suas necessidades. Para tanto, o empreendedor (político) precisa descobrir quem são as pessoas ou as organizações que comprarão suas mercadorias ou procurarão seus serviços. Quanto mais informações ele obtiver sobre essas pessoas ou organizações, maiores serão as chances de definir acertadamente as mercadorias ou os serviços que melhor atendem às necessidades ou exigências do mercado consumidor (mercado eleitoral). Surge, então, a necessidade urgente de mais informações sobre o mercado.

As empresas voltadas, com muita insistência, para suas mercadorias ou serviços (candidatos e/ou propostas), projetando-os sem observar o mercado, muitas vezes descobrem, tardiamente, que há poucos compradores (eleitores) para aquilo que oferecem ou que será muito caro adaptá-los às necessidades ou exigências dos clientes. Isso faz com que as mercadorias (candidatos e plataformas) tornem-se obsoletas rapidamente.

É nesse contexto que surge a importância da pesquisa. Ela objetiva mapear interesses e expectativas do eleitorado. É vital para estabelecer e/ou ajustar o discurso de campanha. Sem pesquisa, atiramos no escuro. Além disso, a pesquisa de marketing realizada como parte do processo de planejamento garantirá uma base sólida de informações para os projetos do candidato.

Assim, se planejamento pressupõe estratégias, para criarmos uma estratégia, precisamos realizar uma pesquisa. Esta, por sua vez, requer a utilização de métodos. Nesse contexto, podemos nos valer de um viés quantitativo e/ou de estudos qualitativos.

> **Métodos de pesquisa**
>
> A **pesquisa qualitativa** tem a vantagem de acessar os mapas cognitivos dos eleitores. Aquilo que eles estão pensando é fundamental, na medida em que o mapeamento do sistema de interesses e expectativas do eleitorado deve ser o centro do discurso. Na pesquisa com metodologia qualitativa (em que o valor está na qualificação), há a possibilidade de trabalharmos com **interpretação** e **análise causal**, o que pode ampliar e aprofundar os objetivos do trabalho.
>
> Já a **pesquisa quantitativa** mede apenas a **intenção de voto** em determinado instante, de forma objetiva. Na pesquisa com metodologia quantitativa, trabalhamos com descrições formais e superficiais, exclusivas da pesquisa de opinião quantitativa (cujo valor considerado é a quantidade).

Em uma pesquisa eleitoral, devemos romper com a mera descrição e quantificação (método quantitativo) e traçar comparações entre pessoas e grupos específicos de eleitores. Além disso, os dados dos estudos qualitativos são levantados em um contexto fluente de relações: são fenômenos que não se restringem às percepções sensíveis e aparentes, mas se manifestam em uma complexidade de oposições, de revelações e de ocultamentos. Logo, a utilização do método qualitativo é mandatória, embora continue imperativa a necessidade de considerarmos os dados quantitativos.

A influência das pesquisas nas eleições

A pesquisa eleitoral, além de oferecer subsídios para os planejadores da campanha eleitoral, também exerce influência no eleitorado. Segundo o estudo *Eleições 2002: manual de legislação eleitoral*,

> É sabida por todos que se envolvem na atividade político-eleitoral a influência que exercem no eleitorado as tendências de opinião apuradas pelos institutos de pesquisas. Partidos frágeis ou candidatos inexpressivos que se dão bem nas pesquisas acabam ganhando fôlego na competição, enquanto partidos fortes e candidatos notáveis não raro se fragilizam quando da divulgação de resultados que lhes são desfavoráveis. É que uma fatia razoável do eleitorado entende que perde o voto quando o candidato de sua preferência está na iminência de ser vencido. (Brasil, 2002)

Com base nessas afirmações, podemos inferir que a pesquisa de opinião revela tendências do mercado eleitoral ao mesmo tempo que exerce influência nas tendências de mercado.

Nesse contexto, é notória, portanto, a importância das pesquisas como ponto de partida na formulação estratégica de campanhas eleitorais. Se quisermos ter uma ideia das dimensões desse fato, é só observarmos o volume de informações relevantes que a pesquisa possibilita, entre as quais estão dados sobre tendências, aspirações e preferências populares, principais problemas sob o ponto de vista de vários segmentos sociais, posição atualizada de cada candidatura, inclusive a de adversários, e identificação de principais lideranças.

A competição no meio político exige novas técnicas e ações eficientes para que a campanha seja bem sucedida, razão pela qual até mesmo fora de campanhas eleitorais os governantes e detentores de cargos eletivos têm utilizado pesquisas para monitorar suas atividades e adequar suas ações, ajustar seus discursos e estabelecer prioridades.

Portanto, as pesquisas facilitam a organização partidária, bem como orientam suas tomadas de decisões em sintonia com o pensamento social predominante, consequentemente satisfazendo os seus eleitores e conquistando novos adeptos. Kuntz (1998) explica que os dados de pesquisas eleitorais servem para orientar um candidato nos seguintes aspectos: a) a melhor maneira de apresentar-se perante o eleitorado; b) quais temas abordar; c) como elaborar plataformas e programas administrativos ou de ação parlamentar; d) pontos fortes ou vulneráveis.

Em conformidade com esse processo, isto é, por meio dos resultados de pesquisas eleitorais, a atividade política tem evoluído. Além disso, os partidos políticos e os homens que fazem política modernizaram-se e redirecionaram suas ações. Essa atitude, por sua vez, resultou no sucesso daqueles que detinham informações privilegiadas, como o acesso àquilo que pensam e querem os eleitores. Isso explica o frenesi mercadológico das últimas campanhas eleitorais no Brasil relacionado ao notável crescimento da utilização de métodos e técnicas de pesquisa eleitoral em uma busca agitada por informações sobre a população, com vistas à construção do marketing eleitoral de candidatos e de partidos políticos.

A pesquisa eleitoral revela uma "realidade estática", segundo Manhanelli (1992, p. 37), o que significa que registra qual é a situação de momento. O autor salienta que a tendência só é mostrada depois de várias pesquisas sobre o mesmo assunto, respeitando-se certo intervalo de tempo.

Ressaltamos que o ponto fraco de uma pesquisa é sua efemeridade, pois ela retrata situações ou fornece informações pertinentes, em geral, apenas ao exato momento em que é realizada.

Kuntz (1998) acrescenta que essa condição de efemeridade deriva do fato de que em uma disputa eleitoral o ambiente é profundamente dinâmico e passível de transformações radicais em um curto espaço de tempo, enquanto a pesquisa é sempre estática.

Mas, embora efêmera, uma pesquisa bem elaborada, com perguntas objetivas, pode nortear a campanha corretamente.

Passo a passo de um trabalho de pesquisa

Segundo Manhanelli (1992), para realizarmos um bom trabalho de pesquisa, precisamos observar uma sequência de ações, abaixo listadas:

1ª. O primeiro passo é fazer uma **pesquisa profunda** sobre as qualidades que o eleitor considera necessárias para um candidato ao posto cogitado.

2ª. Devemos completar a pesquisa com informações que definam a **imagem do candidato**, com a descrição de seus traços positivos e negativos.

3ª. Em seguida, devemos realizar um trabalho de cruzamento de informações, traçando um paralelo entre o que a população tem como imagem ideal de um candidato e quais **qualidades** de tal candidato **correspondem** à **expectativa**; por fim, temos de compor a imagem.

4ª. Esses dados são subsídios para a **estratégia da campanha**. A pesquisa eleitoral possibilita conhecer os eleitores, mais especificamente onde moram, qual é sua renda, o que pensam, quais são seus hábitos e, principalmente, o que desejam.

5ª. Pela pesquisa, o candidato e sua equipe conseguem "enxergar" os eleitores e suas preferências, passo importante para o desenvolvimento de um processo de **convencimento e conquista de eleitores**. A partir disso, devemos efetuar pesquisas de manutenção para saber se a estratégia montada está atingindo efetivamente os objetivos traçados.

Como podemos perceber, atualmente a pesquisa eleitoral é ferramenta indispensável para o sucesso das campanhas políticas, pois permite a elaboração de campanhas políticas fundamentadas em informações extraídas do eleitorado e o monitoramento do desempenho dos candidatos durante a corrida eleitoral, apontando perspectivas para melhoria, localizando geograficamente o eleitorado de cada candidato e apresentando resultados em curto espaço de tempo.

As pesquisas eleitorais são de grande importância para medir a temperatura do comportamento do eleitorado, contexto no qual, dado o refinamento metodológico atingido, elas têm acertado o alvo na grande maioria das vezes. Portanto, é consenso entre os estudiosos que a pesquisa eleitoral dá subsídios ao marketing eleitoral e institucional no que se refere ao estabelecimento de estratégias de atuação no campo político.

Na interpretação de seus resultados, ao favorecerem determinado candidato, podemos observar que as pesquisas acarretam para os oponentes consequências como: a) diminuem a força da militância de seus concorrentes; b) baixam a motivação dos organizadores das campanhas dos oponentes; c) provocam o esvaziamento dos recursos dos patrocinadores da campanha dos adversários. Essas consequências, como fica claro, podem desestruturar uma campanha nas etapas finais.

Com a pesquisa eleitoral, podemos traçar comparações entre pessoas e grupos específicos de eleitores. A utilização desses delineamentos possibilita, sem dúvida, que o trabalho de marketing avance em terreno mais firme, no sentido de entender os comportamentos e as relações sociais, com uma avaliação profunda da realidade sobre a qual incidem a pesquisa e a campanha. Podemos, então, romper com descrições formais e superficiais, exclusivas da pesquisa de opinião quantitativa, uma vez que essas formas evidenciam possibilidades de ampliar e aprofundar os objetivos do trabalho, podendo incluir interpretações e análises causais de correlações.

Na prática, tanto os candidatos mudam a ênfase de seus discursos ao longo da campanha, reagindo às preferências dos eleitores (pesquisas), como os eleitores também mudam, pois reagem às mudanças nas mensagens dos candidatos, que já tinham mudado de discurso por causa deles, eleitores.

Vamos nos lembrar de algumas situações ilustrativas. Provavelmente a maioria de nós conhece alguém que, sempre que seu candidato perde a eleeição, diz: "**Poxa vida! Perdi meu voto!**". Há também aqueles que votam apenas nos candidatos que aparecem em primeiro lugar nas pesquisas, com receio de "**perder o voto**". Esses perfis são de eleitores que consideram a eleição um jogo.

Outro fenômeno que ocorre nas eleições refere-se ao público (eleitor) que vota em um candidato específico porque o acha bonito. Alguém que diz "**Vou votar em fulano porque ele é lindo**". Esse perfil corresponde a eleitores que consideram a aparência muito importante. Há ainda aqueles que julgam um candidato ou candidata pela "**expressão facial**", tachando-o de bom ou mau caráter pela simpatia, pela "cara de honesto", pela "cara de safado" etc.

A observação desses perfis remete a uma constatação mercadológica, simples e objetiva, que pode ser verificada por meio do estudo do comportamento do consumidor (eleitor) e de suas necessidades e visões sobre o produto (candidato). Tais afirmações são coligidas em pesquisas sobre o **perfil do eleitorado brasileiro**.

Talvez alguns de nós façam parte da minoria que tem acesso à informação e talvez isso justifique a pergunta: Por que "fulano" ou "beltrano" foi eleito, se nunca votaríamos nele? É preciso considerar que podemos fazer parte de uma minoria e que, portanto, nossa escolha acaba não refletindo a grande massa que determina o resultado da eleição.

Isso significa que, se as pessoas que têm acesso à informação começarem já a mudança desse quadro em seu entorno, teremos um retorno a longo prazo – nossos filhos poderão ter um país melhor.

Fundamentos da pesquisa eleitoral

A pesquisa eleitoral é tratada nos arts. 33 a 35 da Lei n. 9.504, de 30 de setembro de 1997 (Brasil, 1997). A lei não proíbe a realização de pesquisas, mas determina que elas sejam disponibilizadas, antes da divulgação, para a Justiça Eleitoral, com todos os dados relevantes: os resultados, quem a contratou, a metodologia do trabalho etc. Assim, tais informações ficam ao alcance de coligações, partidos e candidatos, sendo suscetíveis a análises e a questionamentos antes de serem publicadas. Mais ainda, a lei define como crime a divulgação de pesquisa fraudulenta (Brasil, 2002).

Há, no entanto, muitos que contestam a validade científica de uma pesquisa, tendo como maior argumento o universo que ela abrange, que pode ser considerado insuficiente para retratar com clareza a realidade social. Apesar disso, a interpretação correta das informações obtidas é considerada a "chave de ouro" de uma pesquisa, de acordo com Kuntz (1998), enquanto a pesquisa mal interpretada pode significar a derrota daquele que dela se utiliza para definir suas ações eleitorais.

Nesse cenário, segundo Manhanelli (1992), temos de ter em mente que as pesquisas eleitorais apenas demonstram uma tendência do eleitorado, mas não são a realidade dos acontecimentos. Afinal, "se as pesquisas fossem infalíveis, não seria necessário realizar eleições, pois as pesquisas indicariam os nossos governantes e legisladores" (Manhanelli, 1992, p. 39).

A capacidade de comunicar, articular e mobilizar

Feita a radiografia do eleitorado, passamos a formar o discurso e a ajustar a identidade do candidato, que é soma de seus valores, suas qualidades, sua formação, sua história e seus compromissos. Essa identidade deve embasar todo o programa de comunicação. Mas qual é a importância e/ou o significado da identidade eleitoral?

Tendo em mente os fatores pertinentes ao cenário eleitoral, é necessário que o candidato crie sua identidade própria. Quando o eleitor capta a ideia central de um candidato, começa a entrar no sistema de signos da campanha, fator que funcionará como indutor importante na decisão de voto.

É necessário também que o candidato tenha capacidade de arregimentar grupos de trabalho voluntário, porque essas pessoas têm capacidade de trabalhar diretamente com o eleitor, com seus vizinhos, parentes, enfim, diretamente com aqueles com os quais têm afinidades. É por isso que em alguns partidos políticos não existem cabos eleitorais pagos – existem, sim, militantes. Assim, não há dependência de alguma empreiteira ou de algum monopólio de comunicação durante o processo: as campanhas são feitas pelos próprios candidatos.

Os voluntários têm capacidade de levar a voz do candidato até distâncias que muitas vezes as campanhas publicitárias não têm como atingir. De acordo com Rego (1985), fazer um amigo em cada rua gera efeitos multiplicadores imediatos. Tais situações devem ser planejadas de acordo com as conveniências políticas dos estados e das cidades. No caso, por exemplo, de grandes capitais, esse tipo de campanha é de difícil execução.

Diante de tais peculiaridades, as quais diferenciam os processos de articulação, mobilização e comunicação das eleições entre si e/ou das campanhas dos candidatos, Rego (1985) afirma que é importante para o candidato definir os segmentos de mercado. Nesse sentido, a localização geográfica é um complemento à identificação dos comportamentos do eleitor-alvo. Por sua vez, o conhecimento do eleitor trará novas informações para que seja possível ajustar os programas e as mensagens.

Em uma campanha política, de modo geral, em razão das pesquisas que hoje temos à disposição, a substância discursiva deve estar engatada em temáticas que exprimam, entre outras, as grandes demandas nas áreas de segurança/violência; emprego; saúde; educação; retomada do desenvolvimento com apoio aos pequenos e médios produtores; juros altos e reforma tributária; justiça social e programas de combate à pobreza.

Se observarmos a questão, veremos que essas temáticas estão na "ordem do dia", pois aparecem nas manchetes quase que cotidianamente. Portanto, são também realidades que o candidato deve ter em mente para trabalhar com seus eleitores.

O que ocorre no cenário político/eleitoral é que os perfis dos candidatos tendem a ser alavancados pelos profissionais de marketing quando chega a época das eleições. Seu trabalho consiste em ajustar o discurso dos candidatos e dar a eles grande visibilidade por meio do sistema de comunicação.

Obviamente, todo esse anteparo de pesquisas e estratégias coloca no centro das discussões o marketing eleitoral e político – para uns, vilão e, para outros, mocinho (Rego, 2002), como mencionamos anteriormente.

Vale lembrar que, embora tenhamos destacado a importância da utilização de ferramentas de marketing para conquistar votos, nem sempre o resultado obtido nas urnas é fruto unicamente do trabalho de marketing. Quando, por exemplo, o candidato está totalmente despreparado, mesmo um trabalho de marketing bem aplicado não garante a vitória nas urnas.

Uma vida de trabalho voltado para a comunidade, ficha limpa e boa educação são premissas básicas enfatizadas nesta obra a fim de deixarmos claro que apenas ferramentas de marketing não conquistam votos – o "produto" (ou candidato) deve necessariamente ter suas qualidades. Cabe ao profissional de marketing apenas ressaltar tais atributos.

Nesse sentido, podemos citar como exemplo notório o caso do jovem curitibano Juliano Borghetti. Ele foi indicado e nomeado pela Prefeitura de Curitiba em 2004 para administrar uma regional da Prefeitura em um bairro da cidade. Sua boa atuação durante o exercício do cargo público não eletivo constitui-se em força motriz para dar rumo à sua campanha ao cargo de vereador. Ou seja, após ser reconhecido pela comunidade como um ótimo administrador local, ele teve seu nome indicado pelo partido para candidato à vereança da capital do Estado do Paraná e, como resultado do bom trabalho e de uma campanha bem direcionada, com extensas qualidades comunicativas, o candidato obteve sucesso. Ele foi eleito com um volume expressivo de votos nas urnas em uma eleição conhecida como uma das mais disputadas para a Câmara de Vereadores da capital paranaense.

Podemos também elencar a atuação de profissionais de outras áreas que acabaram culminando em uma eleição por méritos, ainda que logicamente acompanhada de uma campanha desenvolvida de forma profissional – entre eles, os promissores Bruno Pessuti, Pier Petruzziello, Jorge Bernardi e Dirceu Moreira, que conquistaram vagas no Legislativo municipal da capital paranaense, cada qual representando um segmento da sociedade.

Talvez esse caminho que descrevemos, resultado de estudos teóricos e práticos, seja o mais promissor e seguro para o sucesso de quem deseja entrar na política. Isto é, os atributos de um bom candidato, quando enaltecidos pelo marketing eleitoral e político – entendido como o esforço planejado para cultivarmos a atenção, o interesse e a preferência de um mercado de consumidores (eleitores) –, levam-no na maioria das vezes ao sucesso político.

Alternativas estratégicas da comunicação

De acordo com Rego (1985), no panorama mercadológico ou eleitoral existem três alternativas estratégicas: o marketing não diferenciado, o diferenciado e o concentrado.

O **marketing não diferenciado** serve para o político projetar sua mensagem de maneira massiva, dirigindo-se a todos. É muito adequado para os estados em que a polarização política é forte, com segmentos exigindo atenção e tratamento dirigido.

Já o **marketing diferenciado** é apropriado para o político planejar sua campanha com mensagens específicas aos diversos segmentos de eleitores, o que possibilita atingir com impacto segmentos diferenciados. Devemos, no entanto, tomar cuidado para não atingir de forma errônea alguns nichos do segmento, podendo, com isso, ao invés de passar uma boa imagem, passar uma mensagem negativa.

A terceira estratégia, a de **marketing concentrado**, é adequada para trabalharmos especificamente determinada faixa de eleitores, concentrando as forças da campanha numa única fatia de mercado. Dependendo das características do candidato, como a homogeneidade dos segmentos, a força dos concorrentes e o conhecimento que o eleitor tem do candidato, será possível escolher a estratégia mais adequada. Assim, se o eleitor é cativo (vota sempre na mesma pessoa/partido), o candidato pode desenvolver estratégias conjuntas visando atrair diversas correntes.

O poder e a comunicação

No ambiente político/eleitoral, para Kuntz (1998), toda indução e manipulação de opinião pública é feita por meio de um poder único – o **poder condicionado**. Esse poder é capaz de influenciar o processo de formação de opinião pública, a curto e médio prazos, pelas mensagens subliminares que provocam a manipulação.

Também em referência ao mesmo assunto, Galbraith (1984) identifica três instrumentos de exercício do poder: poder condigno, compensatório e condicionado. Para o autor, o **poder condigno** é a força coercitiva; o **compensatório** é o poder da expectativa de recompensa; e o **condicionado** é o poder dos veículos de comunicação, notadamente a propaganda e a imprensa.

Muitos estudiosos consideram o terceiro poder o mais importante, pois no caso dos dois primeiros os indivíduos se submetem conscientemente – por obrigação no primeiro e por interesse no segundo – ao exercício do poder. No entanto, em relação ao terceiro poder, de caráter condicionado, as pessoas são submetidas aos seus objetivos sem que tenham consciência de estarem sob seu jugo.

Ao falarmos em poder e comunicação, precisamos abrir um espaço para abordar o poder da opinião pública no cenário político. Ela apresenta, entre seus muitos efeitos, a característica de representar as tendências e aspirações populares, assim como a consciência coletiva representaria a imagem que as maiorias fazem de determinados comportamentos, abrigando nessa representação preconceitos e despertando reações de aceitação ou rejeição.

A imprensa tem o poder de influir na formação dessas imagens e no direcionamento dessas tendências, assim como pode detonar e, em determinadas circunstâncias, manipular as mobilizações de massa.

Esse poder, para que seja exercido em toda a sua plenitude, de acordo com Kuntz (1998), exige que a influência seja efetivada a uma distância conveniente, durante o tempo que se fizer necessário para a manutenção do empreendimento até que possamos realizar a colheita dos frutos e conquistar nossos objetivos.

Também é importante termos a percepção de que o poder da imprensa não é exercido unitariamente, pois está loteado entre os diversos veículos, cada qual administrando sua faixa de poder em função de seus próprios interesses e objetivos. Nem o poder da maior organização jornalística é suficiente para lhe permitir o exercício solitário e pleno do poder potencial da imprensa.

A propaganda eleitoral

Conforme a análise de Kotter (1998), o universo da propaganda – que também integra o planejamento estratégico de marketing – tem como objetivo conquistar o cidadão para que ele se torne consumidor de um determinado produto ou, ainda, simplesmente, para transformar pessoas em consumidores – ou, no caso do marketing eleitoral, em eleitores de um determinado candidato ou partido político.

Nessa conjuntura, se considerarmos o produto, observaremos que a mídia tem por objetivo, em um primeiro momento, dar a um determinado produto o rótulo de "aceitável" e, em um segundo momento, o caráter de "desejável". Com o trabalho da mídia, podemos tornar um produto "imprescindível" a ponto de incorporá-lo à vida cotidiana.

Para atingir esse objetivo, a mídia não tem limites quanto à criação. Os limites são de ordem legal, moral, ética e religiosa.

Como limite de ordem religiosa, por exemplo, destacamos o fato de que na Índia não se faz propaganda de hambúrgueres de carne bovina; já em países de maioria muçulmana, não se faz propaganda de produtos de origem suína.

Se transportarmos o foco da mídia de produtos industrializados para a propaganda eleitoral, vermos que os limites são determinados pela Constituição, pelas diversas leis eleitorais e também pela ética da sociedade – assunto a ser desenvolvido na sequência do livro.

Dessa forma, existem maneiras ou formas de propaganda não abrangidas por lei alguma e não afastadas por proibição de nenhum tipo. O mundo da propaganda eleitoral tem o mesmo objetivo da mídia industrial. O que difere é o objeto da propaganda ou, no caso, o sujeito. Na propaganda industrial, temos o produto; já na proganda eleitoral, temos o candidato, o objeto/ sujeito. Os objetivos são: a) dar um **caráter aceitável** ao candidato; b) transformá-lo em **desejável**, se possível; c) convertê-lo em imprescindível – o candidato "imprescindível" também figura com o rótulo de "salvador da pátria".

Nesse cenário, aparece o trabalho das agências de propaganda. Elas são empresas especializadas na criação e no planejamento de campanhas e devem ser capazes de motivar o consumo de serviços e produtos pela população. Essas empresas surgiram com o intuito de comunicar ideias, produtos e serviços e foram ganhando importância no cenário internacional.

A propaganda é uma atividade extremamente profissionalizada, composta de diferentes etapas que se integram para a criação de uma campanha publicitária de sucesso. O objetivo final é sempre posicionar uma ideia, produto ou serviço no único lugar que lhe é devido e onde vale alguma coisa, ou seja, na mente do consumidor ou, no caso específico desta abordagem, na mente do eleitor.

A propaganda eleitoral consiste em ações de natureza política e publicitária desenvolvidas pelos candidatos, seus apoiadores e mandatários ou representantes. Suas ações são destinadas a influir sobre os eleitores de modo a obter sua adesão às candidaturas ou, no caso do referendo, a uma dada opção política, o que significa conquista de votos.

Não há norma legal que impeça a propaganda eleitoral fora dos períodos eleitorais, mas ela assume um relevo particular durante a campanha eleitoral, quando é especialmente protegida. Conforme o art. 41 da Lei n. 9.504/1997, "A propaganda exercida nos termos da legislação eleitoral não poderá ser objeto de multa nem cerceada sob alegação do exercício do poder de polícia" (Brasil, 1997). Os detalhes da legislação eleitoral estão dispostos nos arts. 36 a 57 da referida lei.

Não obstante, a propaganda eleitoral é expressamente proibida no dia da eleição e no dia imediatamente anterior, assim como não é permitido qualquer meio de propaganda dentro dos edifícios onde funcionem assembleias ou seções de voto e fora deles até uma distância de 500 metros. Para além desse perímetro, é, em princípio, ilegítima a remoção de material propagandístico.

Surge a questão: *campanha eleitoral* e *propaganda* são termos sinônimos?

A **campanha** é precisamente o período destinado à realização da propaganda eleitoral, cuja finalidade é influenciar o eleitorado em determinado sentido com vistas à obtenção de votos. Em alguns momentos, o objetivo pode ser alterado para a desconstrução da imagem do candidato oponente – essa prática é antiética, não sendo recomendável, ainda que seja muitas vezes utilizada. Para que essa ação acabe ou diminua, basta que o leitor/eleitor perceba que essa prática é algo negativo e deixe de apoiá-la.

A **propaganda política** é uma atividade típica da campanha, enquanto a propaganda é mais vasta, pois abrange, em geral, toda a atividade – desenvolvida ou não no decurso da campanha eleitoral propriamente dita – de difusão de mensagens político-eleitorais.

> A propaganda partidária tem por finalidade divulgar, pelo rádio e pela televisão, assuntos de interesse das agremiações partidárias, conforme estabelecem os arts. 45 a 49 da Lei n. 9.096, de 19 de setembro de 1995 (Brasil, 1995).

A propaganda eleitoral traduz-se, assim, em esforço deliberado por parte dos aparelhos que suportam as candidaturas no sentido de influenciar ou manipular a consciência do eleitor, captando sua adesão e conseguindo seu voto.

O ciclo de desenvolvimento de uma campanha

Como mencionamos anteriormente, uma campanha tem algumas fases características: lançamento do candidato, crescimento, consolidação, auge/clímax e declínio.

Esse é o ciclo em que uma campanha se desenvolve. Se o declínio ocorrer antes da semana da eleição, não há quem sustente a posição do candidato. Um candidato que se preocupa apenas com o primeiro evento – ou, no caso de cargos do Poder Executivo, com o primeiro turno – pode morrer antes de conseguir seu intento, que é ser eleito.

Em virtude dessa continuidade necessária a uma campanha, durante a elaboração de um programa de marketing eleitoral precisamos definir a estratégia de comunicação política a ser implementada. Isso significa selecionar e aplicar as técnicas de comunicação que melhor materializam o conceito pretendido, bem como selecionar os públicos ou segmentos que se revelem determinantes para maximizar a eficiência dos recursos disponíveis.

Nessa fase, não devem ser ignoradas as preocupações relativas à comunicação com a mídia, bem como a constituição de um sistema de gestão de crise ou a constituição de um grupo de auditoria e monitoramento de imagem.

Percebemos, partindo dessas análises, que alguns fatores alteram efetivamente os rumos da propaganda eleitoral, entre eles as **transformações sociais** da última década, a **elevação do grau de exigência** das diversas populações e, sobretudo, o amplo **desenvolvimento técnico** na área da comunicação.

Com base nessa observação atenta desses fenômenos e ressaltando a constatação dos próprios políticos e profissionais de comunicação de que apenas a propaganda não é o suficiente para fazer com que as pessoas aceitem as ações sociais como um atendimento adequado de suas necessidades e desejos, podemos considerar efetivamente o marketing eleitoral como área específica do marketing.

Cases

O marketing eleitoral abrange todas as técnicas de comunicação disponíveis no mercado, tendo início com um trabalho de pesquisa e sondagem que irá nortear a construção da espinha dorsal da comunicação eleitoral como um todo e do projeto de marketing político em específico. Nesse sentido, segundo Kuntz (1998, p. 73), "a pesquisa é o principal instrumento à disposição de um candidato para a elaboração de suas estratégias de campanha". No entanto, ela precisa contar com informações confiáveis como ponto de partida.

Apesar de todas as suas qualidades, Rego (2002) assevera que **marketing não ganha campanha, quem ganha uma campanha é o candidato**. Na verdade, o marketing auxilia um candidato a ganhar a campanha quando procura elevar ao máximo seus pontos fortes e abrandar seus pontos fracos.

Com o objetivo de tornar visíveis esses processos, vamos estudar alguns casos eleitorais em que ora os candidatos obtiveram sucesso, ora foram derrotados nas urnas. A partir de casos reais, é possível assimilar melhor tudo o que analisamos até agora.

Os casos foram escolhidos levando-se em conta as diversidades regionais – uma decisão democrática. Além disso, o termo *fracasso* neste ponto corresponde a perder uma eleição – logicamente o marketing não pode levar toda a responsabilidade, seja em caso de vitória, seja em caso de derrota, mas seu desenvolvimento pode ser analisado para que possamos concluir sobre a assertividade de determinadas práticas.

Sucesso: Paulo Paim

Natural de Caxias do Sul, Paulo Paim nasceu em 15 de março de 1950. Foi sindicalista e político filiado ao Partido dos Trabalhadores, sendo eleito senador em 2002 após uma disputa acirrada pela segunda vaga contra a colega de chapa Emília Fernandes. Participou na mesa diretora do Senado como primeiro vice-presidente no biênio 2003/2005 e entre 2007/2009 foi presidente da Comissão de Direitos Humanos e Legislação Participativa. É autor do projeto de lei (apresentado em 1997, quando ainda era deputado federal) que criou o Estatuto do Idoso. Nas eleições no Rio Grande do Sul de 2010, disputou a reeleição ao Senado, sendo o mais votado com 33,83% dos votos válidos, ou seja, Paim tem mais 8 anos de mandato, que deve finalizar em 2018.

Provavelmente o candidato gaúcho utilizou-se de preceitos como os que relacionaremos a seguir quando construiu sua tática de campanha. Vejamos!

Em 2002, Paulo Paim, candidato, contava com preferências com base no seu nome, em virtude de seu talento pessoal para dar início a uma **reação emocional**, sua habilidade em utilizar a **mídia de massa** e sua capacidade de **projeção**.

Além disso, o candidato vivenciou provavelmente um importante processo de desenvolvimento durante o qual passou a apresentar uma personalidade bem definida e a identificar-se com a instituição que lhe dá apoio e credibilidade – a própria inscrição partidária. Isso é prioritário.

Definida a personalidade nesse contexto organizacional (o partido), o candidato deve impor sua marca (seu nome). Nas entrevistas que deu nos dias que se seguiram à sua eleição para senador pelo Rio Grande do Sul, o deputado creditou sua vitória ao trabalho realizado e a alguma ajuda de Deus.

Se pesquisarmos a história do candidato em questão, veremos que Paim foi eleito pelo trabalho em sentido extenso. Entre outros, **trabalho sindical** no seu estado, **trabalho parlamentar** (âmbito estadual) de 16 anos tratando de temas fundamentais para os trabalhadores e os aposentados e **trabalho de marketing** realizado na campanha eleitoral.

Acrescentemos que, considerando que a campanha foi realizada sem pesquisas próprias nem estrutura adequada, tampouco com o entusiasmo de boa parte da militância partidária (reprimida pelas pesquisas adversas), a eleição de Paim para o Senado contou, sem dúvida, com uma boa dose da ajuda de Deus.

Nesse contexto, vale lembrar que, em uma entrevista no início da campanha de Lula, quando perguntaram a Duda Mendonça se existia uma fórmula mágica para ganhar as eleições, o publicitário respondeu que não. Se existisse uma fórmula, uma estratégia de marketing capaz de garantir a eleição de um candidato, os destinos políticos da humanidade seriam traçados por quem a conhecesse. Assim, dizer que o poder do marketing e de uma determinada estratégia está além do posicionamento do profissional é uma aposta de alto risco. Os profissionais da área podem ser mais ou menos profissionais, mais ou menos competentes, mas acima de tudo se baseiam sempre em apostas.

Para o sucesso eleitoral de um candidato, de acordo com Iten e Kobayashi (2002), é imprescindível que haja um bom relacionamento do candidato e de sua assessoria direta com o maior número possível de membros de seu partido e com a direção partidária nacional e de seu estado.

O candidato deve estabelecer um relacionamento agradável com os dirigentes do partido e com seus contatos, em debates e eventos, quando uma agremiação cria vida e passa a fazer parte de uma comunidade, agregando pensamentos e fortalecendo o convívio e as práticas democráticas.

Acompanhando esse raciocínio, podemos perceber que em todo o nosso país a lealdade partidária tornou-se um integrante novo e importante do rol de exigências que o eleitorado e a sociedade civil esperam da classe política. Provavelmente esse foi um dos pontos fortes do candidato Paulo Paim durante sua campanha eleitoral. Outro fator positivo, como já mencionamos, foi seu trabalho parlamentar e sindical.

Assim, considerando que o trabalho sindical e parlamentar de Paulo Paim já era real, a direção da campanha tinha o dever de determinar a estratégia política e o marketing que norteariam o processo desde seu início. Nesse processo, entre as principais definições apontadas no início da campanha, destacaram-se:

» a "**nacionalização**" da campanha por meio da sintonia com a candidatura de Lula desde o começo;
» uma agenda de campanha voltada para os **grandes centros urbanos**;
» a defesa/capitalização das conquistas do **governo Olívio Dutra**, particularmente aquelas mais vinculadas à trajetória de Paim, como o maior piso salarial regional do país, um dos maiores índices de desenvolvimento industrial e a consequente menor taxa de desemprego, a criação do Primeiro Emprego – programa adotado por Lula;
» a ampliação da **capacidade de agregar**, de apresentar-se como alternativa real – ideia presente também na candidatura vitoriosa de Lula;
» uma tática eleitoral mais próxima à "**guerra de guerrilhas**" – dada a existência de parcos recursos materiais – no lugar da alternativa amiúde solicitada de que a campanha de Paim desenvolvesse a lógica de um

enfrentamento aberto e direto, principalmente em oposição ao candidato que aparece na frente nas pesquisas;

» o desenvolvimento de **iniciativas políticas positivas ao longo da campanha**, no sentido de ampliar o perfil da candidatura e atingir outros setores sociais, ideológicos e eleitorais;

» a decisiva postura ideológica de **independência com relação às pesquisas**, com enfrentamento correto de suas nocivas consequências em relação à militância e ao eleitorado, apostando na opinião popular contra a opinião pública.

Com a estratégia em mãos, um segundo fator que auxiliou a candidatura foi a ênfase em uma imagem adequada. Paulo Paim, no início da campanha, tinha uma imagem consolidada como deputado dos trabalhadores. Embora sem o desenvolvimento de pesquisas qualitativas com o intuito de analisar em profundidade a imagem do candidato, era evidente que o trabalho realizado em 16 anos de mandato como deputado era seu principal trunfo.

Se quisermos utilizar a linguagem da propaganda, podemos dizer que, naquele momento, Paim era um "produto" prodigioso. Portanto, ele necessitava de uma campanha de propaganda hábil e de um projeto de distribuição adequado para colocá-lo na cabeça dos eleitores de todo o estado. No entanto, com as dificuldades de distribuição que surgiram antes mesmo do início da campanha, seu maior trunfo – o produto conhecido – tornou-se, potencialmente, um de seus maiores obstáculos.

Era preciso suplantar esse problema e descobrir um posicionamento certo para o perfil do Senado, capaz de forjar uma imagem nova para Paim ao longo da campanha – não a imagem de um candidato em busca de uma faixa particular do eleitorado durante a campanha, mas a imagem de um candidato com maiores proporções, que promove um diálogo com uma extensa parcela da população. Era preciso reelaborar a imagem do deputado especializado na defesa dos interesses dos trabalhadores e aposentados para abarcar a imagem de um senador capaz de contribuir, ainda no âmbito da área do trabalho, para o espraiamento definitivo do que foi conquistado no Rio Grande do Sul em perspectiva nacional.

O receio de que o conceito já firmado de deputado fosse capaz de lesar o candidato acabou se fazendo presente até os últimos dias da campanha, quando surgiam eleitores de Paim que tinham em mente uma possível reeleição. A estratégia-chave foi dispor o candidato Paim ao Senado a partir do debate de grandes temas nacionais, à altura da esperança que o povo brasileiro e gaúcho vinha assentando na candidatura de Lula.

A aposta nesse caminho manifestou-se, então, em detalhes como: a **foto** do candidato, o visual do **material gráfico**, o *jingle*, os **textos dos programas de televisão e rádio**, materiais de **internet** e o próprio **discurso** do candidato ao longo da campanha.

Assim, como o "novo" Lula, a candidatura Paim também cresceu objetivamente em forma e conteúdo, partindo da imagem do "deputado-sindicalista" para um perfil mais amplo, ligado com as questões centrais de mudança nacional – digamos, um "novo" Paim, com propostas mais abrangentes.

Também a capitalização das realizações da administração Olívio Dutra (governador do estado) para a campanha solidificou o perfil da candidatura Paim, corroborando um compromisso de lealdade com o projeto partidário e com a militância, em particular do interior.

O marketing, em especial a tática escolhida para a campanha de Paulo Paim, foi determinado em alguns aspectos na contramão das orientações presentes na coordenação de campanha da Frente Popular. A confiança de que a estratégia desempenhada era a mais correta e a convicção de que o marketing aplicado estava em sintonia com os eleitores foram confirmadas em uma votação surpreendente. De fato, não existe marketing que garanta uma eleição, mas o marketing pode, sim, contribuir para a vitória.

Você pode observar no relato das estratégias que alavancaram a candidatura do senador Paim que, para o desenvolvimento de uma campanha eleitoral bem-sucedida, é necessário contar com o apoio de pesquisas ao longo de todo o processo eleitoral, com base nas quais são identificadas, acusadas e medidas as variações naturais durante todo o processo, as quais podem ter repercussão local ou regional.

Um sindicalista, como é o caso de Paulo Paim, quando decide candidatar-se a um cargo eletivo ou quando decide apoiar um projeto político de terceiro ou de grupos, já está inserido numa estrutura. Isso significa que ele provavelmente já mensurou sua capacidade de consolidar o apoio de seus associados, o que já é um exercício de negociação política que prova sua representatividade.

O caso de lideranças sindicais, como observaram Iten e Kobayashi (2002), assemelha-se com o de lideranças comunitárias – porém, conta com vantagens evidentes referentes à capacidade de organização e à utilização de estruturas físicas e de pessoal para o fortalecimento e para a execução de uma campanha de alto nível.

Por outro lado, é uma condição que também pode acarretar problemas decorrentes da limitação de área de atuação e, portanto, da dificuldade de ampliação de uma base eleitoral. Isso no caso de a mensagem associar nome e candidatura a uma determinada agremiação ou categoria profissional.

Essa eventual ligação, é necessário alertarmos, também pode suscitar críticas entre os próprios membros da agremiação, porque o uso de uma estrutura e de uma entidade pode ser entedido como vetor de uma campanha específica com eventuais práticas de aliciamento. No entanto, é inegável a eficácia da representação política de qualquer entidade. Além disso, a escolha de estrutura física e de recursos humanos é um fator diferencial no processo eleitoral – tanto para o bem como para o mal. No caso que analisamos, as estratégias e o redirecionamento dados à campanha contribuíram para o sucesso, ou seja, para a eleição de Paim.

Não sucesso: Esperidião Amin

Natural de Florianópolis, Esperidião Amin Helou Filho nasceu em 21 de dezembro de 1947. Foi senador da República entre 1991 e 1999 e presidente nacional do PP (Partido Progressista). É formado em Administração pela Escola Superior de Administração e Gerência (Esag) e em Direito pela Universidade Federal de Santa Catarina (UFSC), onde é professor titular no curso de Administração. É casado com a ex-deputada federal Ângela Amin e tem três filhos. Um detalhe interessante: é torcedor assumido, desde criança, do Avaí Futebol Clube – sempre nos lembramos do Guga (tenista) quando mencionamos o Avaí; agora teremos mais uma referência.

Crédito: Divulgação

Em 2006, concorreu ao governo de Santa Catarina, perdendo, pela segunda vez consecutiva, o segundo turno para o candidato Luiz Henrique da Silveira. Teve na ocasião 1.073.053 votos no primeiro turno e 1.511.916 no segundo (47,29% dos votos válidos). Em 2008, foi novamente candidato a prefeito de Florianópolis, sendo mais uma vez o segundo colocado, com 43,32% dos votos, disputando com Dário Berger, que obteve 57,68% dos votos no segundo turno das eleições. Mesmo o apoio de ex-adversários, como a comunista Angela Albino, não foi o suficiente para evitar a vitória do rival do PMDB (Partido do Movimento Democrático

Brasileiro). Em 2004, Dário, então no PSDB (Partido da Social Democracia Brasileira), venceu Chico Assis, do PP de Amin, e o ex-petista Afrânio Boppré, hoje no Psol (Partido Socialismo e Liberdade). Boppré teve como apoiadora Angela Albino, do PCdoB. Esperidião Amin foi eleito, no dia 3 de outubro de 2010, deputado federal pelo PP como o segundo mais votado. Nas eleições de 5 de outubro de 2014, foi o deputado federal mais votado para a 55ª legislatura (2015-2019).

Voltaremos um pouco no tempo para fazermos nossa análise mercadológica, a qual se refere ao que se passa no ano de 1998, com a campanha eleitoral de Amin ao governo do Estado de Santa Catarina. Com o *slogan* "Um Estado Vencedor", Amin obteve sucesso, sendo eleito governador. Em 2002, sua campanha à reeleição utilizou o mesmo *slogan*, o qual era sempre veiculado em jornais e revistas, em anúncios coloridos de página inteira.

O problema que levou Amin ao fracasso em 2002, quando perdeu para Luiz Henrique da Silveira no segundo turno, mesmo tendo ficado em primeiro lugar no primeiro turno, foi a campanha subliminar desenvolvida pela imprensa desde o ano anterior, por meio de **manchetes ostentosas e sem qualquer fato que lhes desse base jornalística – veracidade**. Foram manchetes como: "Estado vencedor", "SC vai gerar 50 mil empregos", "SC vence com tecnologia", "Indústria de SC terá nova onda de crescimento", "Indústria de SC é modelo no país".

A coordenação da campanha viveu e incorporou uma realidade alternativa, o que pode ser classificado como um grande erro de posicionamento.

Durante aquela campanha, em sintonia com o *slogan* de Amin, essas propagandas ideológicas pretendiam criar um clima de euforia capaz de mascarar a dura realidade enfrentada pela maioria da população, que convivia com o crescimento do desemprego, com a queda do poder aquisitivo e com o aumento da inflação real, principalmente na área de serviços.

Durante a campanha, veículos de comunicação e o próprio governo divulgaram que a indústria catarinense obtivera crescimento maior do que a média, como se o desempenho estadual de 2001, de 3,7%, fosse resultante de uma política de desenvolvimento econômico sustentável por parte de seu governo. A propaganda, no caso em questão, não mostrava a realidade, caracterizada pela diminuição de recursos para o ensino e para a pesquisa pública universitária no Estado, o que abriu espaço para as universidades privadas.

Por meio da união das campanhas publicitária e jornalística, os desenvolvedores da campanha acreditaram que iriam criar um sentimento favorável à continuidade desse governo, pois ele estaria "dando certo". Ações vigorosas para aquecer o turismo foram anunciadas em resposta ao fracasso de um modelo dependente de turistas argentinos. O Banco da Terra foi divulgado como algo que acontecia, e o dinheiro do BID – Banco Interamericano de Desenvolvimento (US$ 106 milhões), destinado à segunda etapa do Programa de Microbacias, mais recursos para estradas, pontes, viadutos, barragens, entre outras melhorias públicas, não faltaria para ajudar o clima de "Estado vencedor".

Enfim, o clima de "já ganhou" acabou sendo incorporado à campanha de 2002. Em contraposição, juntamente com o "furacão" Lula, na mesma época, o candidato do PMDB Luiz Henrique da Silveira, aproveitando o clima do concorrente, visitava diariamente diversos municípios catarinense, dando palanque para Lula e associando cada vez mais o nome do presidenciável popular a si. Amin foi derrotado por apenas 20 mil votos, marcando o fim de uma hegemonia de duas décadas.

Sucesso e não sucesso: Cesar Maia/Luiz Paulo Conde

Crédito: Leandro Marins

Cesar Epitácio Maia nasceu na cidade do Rio de Janeiro em 18 de junho de 1945. É economista e ex-prefeito do Rio de Janeiro pelo partido político Democratas. Como curiosidade, vale destacar que foi o prefeito da cidade do Rio de Janeiro que permaneceu mais tempo no cargo, durante exatos 12 anos. É pai de Daniela Maia e Rodrigo Maia, este último, deputado federal e presidente nacional do Democratas, além de primo do político José Agripino Maia.

Voltaremos um pouco no tempo, até 1996/2000, para tratarmos de "transferência de votos". Referimo-nos ao caso do arquiteto Luiz Paulo Conde, que foi convidado por Cesar Maia para ser seu secretário de Urbanismo. Conde não tinha qualquer experiência pública ou eleitoral, mas seu padrinho político, Cesar Maia, fazia um governo relativamente bom e o povo decidiu dar mais um mandato a César, "personificado em Conde", nos idos de 1996. Observe, na tabela a seguir, que Conde saiu de 4% nas pesquisas em julho para vencer aquela eleição pouco mais de três meses depois. Terminou o primeiro turno na frente e venceu Sérgio Cabral no segundo turno.

Crédito: J. Freitas/ABr

Tabela 4.1 – Evolução da intenção de voto para prefeito do Rio de Janeiro em 1996 – Votos válidos (em %)

Categorias	09/07/1996	13/08/1996	28 e 29/08/1996	02/09/1996	09/09/1996	26 e 27/09/1996	01 e 02/10/1996 Véspera
Conde (PFL)	4	24	38	36	36	32	36
Sergio Cabral (PSDB)	26	29	26	25	28	24	23
Chico Alencar (PT)	6	4	8	8	11	14	17
Miro (PDT)	21	12	7	7	8	8	7
Em branco/nulo/nenhum	20	14	10	9	8	10	6
Não sabe	17	13	8	10	6	8	7

Fonte: Se a eleição para prefeito do Rio de Janeiro fosse hoje, em qual destes candidatos você votaria?
Base: Eleitores da cidade do Rio de Janeiro
0 = não atingiu 1%

Fonte: Datafolha, 1996.

Na época, eram reproduzidos à exaustão lemas como "Conde é Cesar Maia", que mostravam as realizações da administração municipal do Rio de Janeiro. A empresa Tática Propaganda, unida à produtora Arte & Fato, procurou nas eleições de 1996 vincular ao máximo a imagem do então prefeito Cesar Maia à de seu secretário de Urbanismo, culminando na vitória no referido pleito.

Sucesso em um primeiro momento, a parceria inicial acabou por se transformar em fracasso quando da tentativa de reeleição de Conde no pleito seguinte, no ano de 2000. A derrota do PFL (Partido da Frente Liberal) nas eleições para o governo do estado em 1998 e a ruptura entre Conde e Cesar Maia foram os fatores predominantes para as alterações que ocorreram na composição da equipe vitoriosa da campanha de 1996.

A Tática Propaganda permaneceu com Cesar Maia, enquanto a Arte & Fato seguiu com Conde, que na ocasião se candidatou à reeleição (em 2000). O que aconteceu é que toda a campanha comandada pela Tática teve como objetivo principal marcar a diferença de articulação, talento e competência de Cesar Maia em relação a Conde, ideia contrária à estratégia de 1996.

O que pode ser observado nesse caso é a agilidade dos profissionais de marketing para realizar uma boa propaganda eleitoral, dando ênfase aos pontos fortes do candidato, sem se esquecerem de tocar nos pontos fracos do concorrente. E, já que tocamos nesse ponto, observemos que isso remete à famosa análise SWOT (*Strengths, Weaknesses, Opportunities and Threats*), muito utilizada no mundo corporativo.

Prejudicado pelo tempo no horário eleitoral, que era três vezes menor que o do candidato do PFL (Conde), Cesar Maia quase não conseguiu passar para o segundo turno. No entanto, na última semana de campanha, três escorregões de Conde determinaram a vitória apertada do candidato do PTB (Partido Trabalhista Brasileiro). O longo silêncio em debate organizado pela rádio CBN, o repúdio ao metrô da Pavuna ("todos que construíram ou planejaram o metrô da Pavuna deveriam ser presos") e, principalmente, a ligação do prefeito com o governador Garotinho prejudicaram a imagem de Luiz Paulo Conde para a reeleição. Assim, Cesar Maia saiu vencedor. Vale salientar que na época o então governador Garotinho vinha sendo acusado e constantemente citado na mídia de maneira negativa (Carneiro, 2001).

Sucesso: Sergio Souza

Natural da bela Ivaiporã, Sergio Souza nasceu em 13 de março de 1971, é advogado em Curitiba e foi senador pelo Paraná. É graduado em Direito pela Universidade Tuiuti do Paraná e tem especialização em Direito Público, Administrativo e Eleitoral. Até 2010, nunca havia disputado uma eleição – participou como suplente da chapa que elegeu a senadora Gleisi Hoffmann e assumiu a cadeira do Senado após a nomeação de Hoffmann para a Casa Civil.

Crédito: Senado Federal/Divulgação

Em dois anos e oito meses como senador, foi um dos mais atuantes no Senado, defendendo de forma intransigente as causas dos paranaenses no Congresso Nacional. Atuou como um verdadeiro municipalista, ouvindo e atendendo as lideranças políticas e os representantes da sociedade civil organizada. Nesse período, teve a oportunidade de fazer 279 pronunciamentos e 50 apartes, apresentar 25 projetos de lei, 6 propostas de emendas à Constituição e 77 requerimentos e relatar 253 matérias, além de fazer mais de 600 visitas e reuniões nas cidades do Paraná. Trabalhou com afinco para conseguir a liberação, junto ao Orçamento Geral da União, de mais de R$ 50 milhões em emendas parlamentares e propostas voluntárias para atender a municípios e entidades paranaenses nas mais diversas áreas.

História política de Sergio Souza

Entre os feitos do senador, destacamos os listados a seguir:

- » Presidiu e foi relator da Comissão Mista de Mudanças Climáticas (CMMC).
- » Presidiu a Subcomissão de Acompanhamento das Obras da Copa de 2014 e das Olimpíadas de 2016.
- » Presidiu a Subcomissão das Águas.
- » Ocupou a vice-presidência da Comissão de Assuntos Econômicos (CAE).
- » Coordenou a Frente Parlamentar em Defesa da Criação dos Novos Tribunais Regionais Federais.
- » Esteve à frente da coordenação política da Frente Parlamentar da Agropecuária (FPA).
- » Foi coordenador tributário da Frente Parlamentar de Cooperativismo (Frencoop).
- » Foi membro titular do Conselho de Ética.

- Foi membro titular da Comissão de Constituição, Justiça e Cidadania (CCJ); da Comissão de Assuntos Econômicos (CAE); da Comissão de Agricultura e Reforma Agrária (CRA); da Comissão de Relações Exteriores e Defesa Nacional (CRE); da Comissão Mista Permanente sobre Mudanças Climáticas (CMMC); da Comissão Mista de Planos, Orçamentos Públicos e Fiscalização (CMO); da Comissões Mistas Parlamentares de Inquérito (CPMI) do Cachoeira e da Mulher; da Comissão para visitar o Congresso Paraguaio (Conflito Agrário); da Comissão Temporária da Modernização do Código de Defesa do Consumidor; da Comissão de Segurança Pública; e da Comissão Temporária da Reforma do Código Penal Brasileiro.
- Foi membro titular da Subcomissão Permanente das Micros e Pequenas Empresas do Empreendedor Individual; da Subcomissão Permanente da Água; da Subcomissão Temporária para Acompanhar a Execução das Obras da Usina de Belo Monte; e da Comissão Temporária destinada a debater e propor soluções para o financiamento da segurança pública no Brasil.
- Como suplente, integrou a Comissão de Direitos Humanos e Legislação Participativa (CDH); a Comissão de Assuntos Sociais (CAS); a Comissão de Ciência, Tecnologia, Inovação, Comunicação e Informática (CCT); a Comissão de Serviços de Infraestrutura (CI); a Comissão de Meio Ambiente, Defesa do Consumidor, Fiscalização e Controle (CMA); e a Subcomissão Permanente de Avaliação do Sistema Tributário Nacional.

Sergio Souza foi eleito pela revista *Veja*® o terceiro senador mais atuante no Brasil. Como reflexo de toda essa atuação e mídia positiva gerada no ano de 2014, o referido político, até então uma liderança conhecida apenas em algumas regiões do estado e que nunca havia pleiteado nenhum cargo proporcional, candidatou-se a deputado federal do Paraná pelo PMDB, sendo eleito com cerca de 77.699 votos (1,37%), com votação em praticamente todos os municípios do estado. Sergio Souza é um exemplo da mídia espontânea positiva agregada a uma boa atuação política e a uma boa visibilidade midiática.

Sucesso: Alvaro Dias

Alvaro Fernandes Dias exerce atualmente o cargo de senador da República Federativa do Brasil, representando o Estado do Paraná. Ele ficou conhecido nacionalmente por ser organizador de uma das primeiras manifestações populares pela campanha Diretas Já, em 12 de janeiro de 1984, na capital paranaense.

Alvaro Dias criou sua marca própria ao ser considerado um dos mais ferozes oposicionistas ao governo Dilma Rousseff, assim como foi anteriomente em todo o governo Lula, principalmente em relação ao caso do "Mensalão" e atualmente no caso conhecido como "Petrolão". Apresenta uma ótima orátoria e atitudes incisivas, sendo sondado inúmeras vezes como nome para ocupar presidência e também recentemente para o cargo de vice na chapa que teve em 2014 Aécio Neves como candidato a presidente da República.

Nas eleições de 2014, foi reeleito para seu quarto mandato como senador com exatamente 4.101.848 votos, o que corresponde a 77% dos votos válidos em todo o território paranaense. Nesse último pleito, um feito chamou atenção da mídia no meio do processo eleitoral – o candidato gravou um trecho de sua campanha na propaganda eleitoral gratuita com seu cachorro de estimação como coadjuvante, para chamar atenção para a proposta que proíbe o uso de animais em pesquisas de desenvolvimento de produtos cosméticos e de higiene pessoal, assunto em grande evidência na época, agradando, assim, a maioria do eleitorado.

Considerado por jornalistas um dos mais atuantes senadores da República, devendo-se destacar o uso constante das redes sociais (sempre lembrado como referência nessa área de comunicação política), Alvaro Dias é um *case* a ser estudado com mais atenção, pois inova a cada pleito na forma como se adéqua às mídias existentes, estreitando o relacionamento entre o eleitor e o político, com destaque para o formato de seu *site*, que contém inúmeras informações relevantes e potencialmente úteis para pesquisas escolares.

História política de Alvaro Dias

» **Vereador** – em Londrina e líder do MDB.
» **Deputado Estadual** – Líder do MDB.
» **Deputado Federal** – Obteve a maior votação proporcional da história do Paraná.
» **Deputado Federal** – Reeleito com a maior votação do Paraná.
» **Senador (1983)** – Vice-líder do PMDB.
» **Governador** – Eleito com 72% dos votos válidos. Assumiu o governo do Paraná em 15/03/87 e foi apontado por pesquisa do jornal Folha de São Paulo como o melhor governador do Brasil.
» **Presidente da Telepar** (1996).
» **Senador (1999)** – Eleito com 65% dos votos. Presidiu duas Comissões Parlamentares de Inquérito: a CPI do Futebol e a CPMI da Terra. Membro titular das CPIs dos Bingos e dos Correios. Seguidamente indicado pelo DIAP (Departamento Intersindical de Assessoria Parlamentar) como um dos mais influentes parlamentares do país.
» **Senador** – (2007) Terceiro mandato como senador da República. Escolhido, por meio de votação realizada no site Congresso em Foco, o melhor senador do país. Foi eleito vice-presidente do Senado Federal e, em julho de 2007, recebeu em San Diego, na Califórnia, o diploma

de doutor *honoris causa* em Administração Governamental (Doctor of Government Administration) pela Southern States University. Foi líder do PSDB no Senado em 2011 e 2012. Reeleito senador em 2014.

Fonte: Dias, 2015.

Na imagem a seguir podemos ver a "casinha" que virou marca registrada do político paranaense, indicando as inúmeras obras feitas durante sua gestão como governador do Paraná.

Crédito: Divulgação

Sucesso: Ney Leprevost

Ney Leprevost nasceu em Curitiba em 26 de outubro de 1973, é jornalista e deputado estadual. Iniciou sua carreira aos 13 anos de idade como comentarista esportivo da equipe de Carneiro Neto. Dois anos mais tarde já tinha seu programa de rádio na Difusora 590, passando por outras emissoras de rádio e de televisão, nas quais sempre manteve contato direto com a comunidade.

Com seu trabalho na área da comunicação, no ano de 1992 foi agraciado com o título Troféu Imprensa do Paraná como o melhor em seu campo profissional.

Em 1996, foi eleito para seu primeiro mandato na Câmara Municipal de Curitiba, sendo nessa época o vereador mais jovem da cidade. Parlamentar extremamente atuante, foi apontado como o campeão de projetos de lei e conseguiu melhorias significativas nos 75 bairros de Curitiba.

Logo em seu primeiro mandato, Leprevost idealizou e concretizou a linha de ônibus Inter Hospitais, pensando em beneficiar todo o Paraná. Ligando os principais hospitais de Curitiba e outros importantes centros de saúde, a linha Inter Hospitais consolidou-se como uma alternativa eficiente de transporte coletivo para as pessoas que necessitam de atendimento médico.

Em 1999, foi convidado a assumir a Secretaria de Estado do Esporte e Turismo, tornando-se o secretário mais jovem do Brasil, então com 25 anos.

Com relação a essa pasta, Ney Leprevost foi o idealizador do Centro de Excelência do Basquete e retomou o projeto Pintando a Liberdade, que pelos excelentes resultados sociais se tornou referência como prática de ressocialização dos detentos do sistema penitenciário. Também foi o idealizador do projeto Piá Bom de Bola, que reuniu em sua primeira edição mais de 200 mil crianças, entrando para a história como o maior evento esportivo já promovido no Paraná.

Na área do turismo, o Congresso ABAV 99 foi sem dúvida sua maior realização. Esse evento reuniu cerca de 18 mil pessoas de mais de 60 países em Curitiba, o que lhe rendeu o título de Sócio Honorário dessa instituição por ter sido um dos articuladores para que Curitiba sediasse o evento.

Em 2000, foi reeleito vereador de Curitiba com o dobro de votos em comparação às eleições anteriores (cerca de 12 mil), sendo autor de mais de 50 projetos de lei nas áreas da saúde, educação, esporte e turismo, entre outras, visando a melhorias nas condições de vida de todos os cidadãos paranaenses.

Em 2002, destacou-se como apresentador de grande sucesso de um programa de entrevistas e variedades no Canal 21, afiliado da TV Gazeta de São Paulo no Paraná. Também foi comentarista político e econômico da Rádio Transamérica Light. Ainda na área da comunicação, escreve com frequência artigos sobre variados temas para os principais jornais do Paraná.

No ano de 2002, então filiado ao PSDB, entrou na disputa para conquistar uma vaga na Câmara Federal, quando obteve uma expressiva votação, com mais de 43 mil votos, tornando-se suplente de deputado federal.

No ano de 2003, instituiu a CEI da Saúde – Comissão Especial de Inquérito Parlamentar, cuja finalidade era averiguar irregularidades no setor. Nas eleições municipais para vereador no ano de 2004, foi o primeiro colocado na Câmara Municipal de Curitiba, reeleito com 18.582 votos, o mais votado em Curitiba e no Paraná.

Em 2006, concorreu a uma vaga na Assembleia Legislativa do Paraná e elegeu-se com 53.471 votos, sendo o deputado estadual mais votado entre os que tentaram pela primeira vez o cargo. Como parlamentar, criou mais de 200 projetos de lei, especialmente nas áreas de saúde, cultura e educação.

Como comandante da Comissão de Saúde, criou vários projetos de lei, como o que garante a isenção de alíquota de cobrança de ICMS para os medicamentos farmacêuticos, desde que o benefício seja repassado para o consumidor final. Criou também a Semana Paranaense de Prevenção da Síndrome de Imunodeficiência Adquirida (Aids) e demais doenças sexualmente transmissíveis, realizada no mês de novembro.

Recentemente teve aprovado um projeto de lei que garante a mamografia gratuita para mulheres a partir dos 35 anos e um que proíbe o uso de jalecos, aventais e outros equipamentos de proteção individual utilizados por servidores, funcionários e profissionais da área da saúde ao frequentarem bares, restaurantes, lanchonetes, confeitarias e todos os lugares que sirvam alimentos fora dos hospitais. Esse projeto teve o apoio de todas as entidades que representam os profissionais da área da saúde.

Em 2010, concorreu à reeleição e foi o deputado mais votado de Curitiba, com cerca de 80 mil votos. Entre os projetos de Leprevost que se transformaram em lei, o maior destaque sem dúvida nenhuma é a Lei da Ficha Limpa/Paraná, que veda a ocupação de cargos comissionados na Administração Pública do estado a pessoas que foram condenadas por crimes.

No âmbito das indicações legislativas – sugestões de programas e de ações para serem postos em prática pelo governo do estado –, Ney apresentou mais de 130 projetos, sendo que a Secretaria da Justiça e da Cidadania já reativou e implantou um deles, o programa Pintando a Cidadania, por meio do qual detentos das penitenciárias estaduais produzem uniformes, bolas e material esportivo com benefícios de redução de pena, aprendizado de um ofício e geração de renda.

Como presidente da Comissão de Esportes da Assembleia Legislativa, Leprevost elaborou a Lei Estadual de Incentivo ao Esporte.

A área da saúde é a que mais concentra esforços do parlamentar, que é líder da Frente Estadual da Saúde e Cidadania, composta por diversos representantes das classes médicas, além de hospitais e entidades do setor. Em 2011, Ney intercedeu pela liberação de medicamentos fornecidos gratuitamente pelo estado, apresentando mais de 50 emendas ao orçamento estadual com o objetivo de solicitar recursos para diversos hospitais.

Outro grande projeto de Ney Leprevost é o que obriga os hospitais a realizar o Teste do Coraçãozinho – o exame de oximetria de pulso – em todos os bebês recém-nascidos no estado.

Indolor e de baixíssimo custo, esse exame detecta cardiopatias congênitas já nas primeiras 48 horas de vida.

Outro projeto que concentra os esforços do parlamentar é o que fecha o cerco contra a corrupção, desta vez atacando os corruptores. Empresas que obtêm vantagens da Administração Pública por meio de propinas pagas a agentes do Estado ou fraudes ou que maquiam serviços e produtos contratados estão na mira desse projeto.

Para o litoral, Ney propôs a criação de uma comissão mista constituída entre Governo do Estado, Poder Legislativo, cidadãos e ativistas ambientais para discutir uma política de zoneamento empresarial ecológico que garanta investimentos de indústrias com sustentabilidade e respeito ao meio ambiente. O parlamentar também está engajado na luta pela criação do Tribunal Regional Federal no Paraná.

No âmbito político, Ney participou ativamente da fundação do PSD (Partido Social Democrático), tendo sido eleito por aclamação presidente do diretório de Curitiba, além de secretário-geral do partido no Paraná. Foi também reeleito com ampla votação para o cargo de deputado estadual no pleito de 2014.

Conhecido por ser um assíduo usuário da ferramenta Twitter®, Leprevost sempre divulga suas atividades parlamentares, inclusive com dicas de lazer e esportes. Ele é um dos poucos parlamentares que têm a preocupação de informar quando uma mensagem é postada por ele ou pela assessoria, conferindo maior credibilidade aos *posts*.

Conforme mencionamos no Capítulo 1 quando tratamos do marketing digital, os recursos tecnológicos existem e devem ser mais bem direcionados para melhorar a comunicação entre os políticos e a sociedade. Leprevost costuma usar as redes sociais para trocar suas experiências literárias. Vejamos a seguir os recursos virtuais empregados nas campanhas eleitorais do candidato e na sua comunicação durante o exercício do mandato; no exemplo em questão destacamos sua revista eletrônica.

Crédito: Reprodução

Síntese

Neste capítulo, vimos que o marketing eleitoral é um fenômeno muito complexo, especialmente em *terra brasilis*. Esse fato se deve às especificidades e peculiaridades da política nacional, quando comparada a outras democracias ocidentais mais consolidadas, ao tamanho geográfico de nosso país e também às diversidades culturais características. Vimos, além do tema do marketing eleitoral, casos reais que ilustram a forma como se faz política;

analisamos, por consequência, o marketing político. Também examinamos a tipologia do marketing, conceitos e divisão do marketing político e outros temas relevantes para a discussão do assunto.

Questões para revisão

1. Enquanto o marketing eleitoral é uma estratégia voltada para um determinado período das eleições com o objetivo de fazer um partido ou candidato vencer uma determinada eleição, a estratégia permanente de aproximação do partido e do candidato com o cidadão em geral refere-se ao:

   a. marketing político.
   b. marketing de varejo.
   c. marketing público.
   d. marketing direto.

2. A pesquisa que mede apenas a intenção de voto em determinado instante, de forma objetiva chamada de:

   a. pesquisa de varejo.
   b. pesquisa quantitativa.
   c. pesquisa pública.
   d. pesquisa direta.

3. Feita a radiografia do eleitorado, passamos a formar o discurso e a ajustar a identidade do candidato, que é soma de seus valores, suas qualidades, sua formação, sua história e seus compromissos. Essa identidade deve embasar todo o programa de comunicação que nos dará subsídio para direcionar a campanha e melhorar:

a. a capacidade de viajar, articular e desmobilizar.
b. a capacidade de diminuir a comunicação, distribuir panfletos e desmobilizar.
c. a capacidade de comunicar, articular e desmobilizar.
d. a capacidade de comunicar, articular e mobilizar.

4. Explique a importância e o significado da identidade eleitoral na composição da análise do mercado eleitoral.

5. Se considerarmos o produto, observaremos que a mídia tem por objetivo, em um primeiro momento, dar a um determinado produto o rótulo de "aceitável" e, em um segundo momento, o caráter de "desejável". Com o trabalho da mídia, podemos tornar um produto "imprescindível" a ponto de incorporá-lo à vida cotidiana. Qual é sua opinião sobre esse tema?

capítulo 5
campanhas eleitorais históricas

Conteúdos do capítulo
» Campanhas que marcaram a história do Brasil.
» Epidemias dos processos eleitorais.

Com a crescente sofisticação das modernas técnicas de marketing nas disputas eleitorais, é cada vez mais importante para o candidato dirigir sua campanha de maneira científica, procurando maximizar suas chances de vitória em um cenário altamente competitivo. Nesse contexto, o candidato precisa estar inteiramente em harmonia com as tendências do mercado político-eleitoral no seu devido tempo, espaço e história política.

Sabemos que, no Brasil, a campanha política profissional, realizadas com a aplicação de técnicas de marketing e de comunicação sofisticadas, já é uma realidade. Atualmente, o país conta com institutos de pesquisa respeitados internacionalmente e diversos profissionais de ponta. O discurso político é moldado de acordo com formatos técnicos. Tudo é orientado pelo resultado das pesquisas: os temas, os conteúdos e a dinâmica. Nesse cenário, é possível verificarmos algumas tendências na política nacional que favoreçam o desenvolvimento do marketing político. Porém, há também aqueles que dizem haver tendências que apontam na direção da consolidação democrática e que minimizam a relativa importância do marketing político. De todo modo, ao observarmos e analisarmos os processos eleitorais e as propagandas dos governos recentes, o que constatamos é que o marketing foi incorporado à agenda dos políticos de forma inquestionável.

O marketing político da era Collor

Crédito: Folhapress

A campanha presidencial de 1989 fez com que o marketing político assumisse toda a sua importância no Brasil, momento em que presenciamos a conturbada eleição de Collor, considerada por muitos especialistas um dos mais relevantes *cases* eleitorais do mundo.

Devemos destacar que as eleições de 1989 tiveram importância histórica e expressivo significado político em virtude das inúmeras novidades que apresentam, principalmente depois de 20 anos de ditadura, e da falta de experiência dos candidatos, fruto da ausência de eleições livres para os principais cargos majoritários durante tanto tempo.

Foi nesse ambiente que, com vistas a se transformar em um candidato "mais do que ideal", Collor e sua equipe detectaram, com muita propriedade, o que se passava na sociedade brasileira, principalmente na mente do eleitorado.

Sobre isso, Velho (1990, p. 45, grifo do original) destaca que

*Collor de Mello se encaixa como uma luva dentro deste universo de heróis salvadores. Estes, insisto, encontraram terreno particularmente fértil em período de **crise, deprivativas, anomia desorganização**, como assinalam diversos autores. Sem dúvida a comunicação de massa, sustentada por interesses específicos, reforça as tradições, maquilando e elaborando a figura do herói salvador. O estilo jovem guerreiro sendo acentuado, viagens de jatinho, aparições súbitas, sugerindo o dom da ubiquidade, o ar de vítima/mártir ameaçado – "não me deixem só"–, tudo isso formulado com maior ou menor grau de cálculo e deliberação, concorre para a construção de personagem **extraordinário**, possivelmente **sobre-humano**.*

Para eleger-se, foi essa a imagem que o candidato Collor usou. Com esse propósito, ele contou com um grande projeto – o **Projeto Presidente**. Esse projeto foi elaborado com base em experiências internacionais e idealizado com o objetivo de gerenciar as informações político-eleitorais para uma campanha presidencial em um país continental como o Brasil. De acordo com Falcão, Grandi e Marins (1992), seu projeto foi dividido em três módulos: análise de informação, atendimento ao eleitor e automação de cadastro.

O primeiro módulo, **análise de informação**, conforme estudos de Passador e Passador (2000), tinha a finalidade de descobrir tudo sobre os demais candidatos. Com esse objetivo, monitorava-se o comportamento dos adversários, cadastravam-se grandes eventos de campanha e avaliava-se a presença de eleitores a fim de planejar a agenda do candidato e, ainda, fazia-se o cruzamento dos resultados de pesquisas de diversos institutos, de modo a reunir dados que resultassem em uma avaliação precisa de todas as informações disponíveis.

Mas era necessário também superar a falta de estrutura partidária do PRN (Partido da Renovação Nacional), antigo PJ (Partido da Juventude), então sob a sigla PTC (Partido Trabalhista Cristão). A solução encontrada pela coordenação da campanha de Collor na época foi a criação de um grande movimento que permitisse juntar todos os esforços políticos e coordenar os apoios e as atividades. Criaram, então, o sistema de **atendimento ao eleitor**, que tinha como objetivo criar um meio aberto de comunicação entre o cidadão e o candidato. Para isso, foi formada uma central telefônica equipada com terminais de computador e moças treinadas que informavam ao eleitor dados sobre o programa do candidato e sua agenda, cadastravam voluntários e recebiam críticas e sugestões.

A central funcionou inicialmente com apenas 8 linhas telefônicas, num período de 12 horas de expediente diário. Nos dias anteriores ao segundo turno, chegou-se a 70 linhas e 17 horas diárias de funcionamento ininterrupto. Ao final de cada um dos turnos eleitorais, a central de atendimento transformou-se numa eficiente central de apuração paralela dos resultados eleitorais.

O terceiro módulo, **automação de cadastro**, foi agregado à Central de Atendimento, originando a Central de Expedição. Esta constituiu-se em um sistema informatizado que controlava desde a recepção de telefonemas e cadastros voluntários até embalagens e a expedição de material de propaganda.

Em suma, o Projeto Presidente se transformou em uma base eficiente, que trabalhava com a absorção e o tratamento de informações necessárias ao gerenciamento de uma campanha a cargo majoritário, adequada a um país com o tamanho e as características do Brasil. Assim, moldou um candidato sem estrutura partidária, mas com imenso suporte tecnológico.

Esse projeto inaugurou um modelo de campanha que representou, na ocasião, um grande diferencial em relação aos adversários e às campanhas anteriores.

Estratégias adotadas por Collor

Mais do que o perfil de crítico dos funcionários públicos, Collor adotou a estratégia de que detinha o poder de acabar com todos os males da população. Nas palavras de Sallum Junior, Graeff e Lima (1990, p. 71),

> *A figura do "caçador de marajás" foi unanimemente reconhecida como a chave do sucesso de Collor – o achado de marketing que, aliado à generosa cobertura da mídia, projetou-o, ainda governador, como um herói nacional. O potencial dessa criação, competentemente explorado a partir dos três programas partidários que lançaram a candidatura presidencial de Collor em cadeia nacional de rádio e TV, garantiu sua ascensão meteórica nas pesquisas de intenção de voto já no primeiro semestre de 1989.*

As opiniões dos profissionais de marketing político convergem ao apontar que o *slogan* de campanha de Collor, "Caçador de marajás", foi elaborado com base em dados de pesquisas, levantados exclusivamente para a sua campanha. Baseou-se no sentimento latente do eleitorado e, ao se tornar público como plataforma política, acabou catalisando para ele uma força eleitoral imprevisível.

Collor pregava, convenientemente, contra o Estado e não contra a ordem social subjacente. Assim, no período eleitoral, passou a simbolizar para os eleitores pobres a luta contra a injustiça e a exclusão e, assim, eles aderiram em massa à sua candidatura desde o início, garantindo sua passagem para o segundo turno. Sobre isso, Oliveira (1990, p. 7) afirma que

> não são simplesmente os "miseráveis"; antes, são pobres, cuja inserção na economia e na sociedade se dá pelas vias desinstitucionalizadas. São os que enfrentam as filas e o mal-serviço da Previdência Social e dos hospitais públicos; o funcionário, às vezes relapso, por trás do guichê ou da mesa é um marajá e um inimigo. São os que dependem do 'leite do Sarney' e, na falta, ouvem nas padarias que o governo não liberou a verba e que a burocracia atrapalha. Enfrentam a insegurança quotidiana de sair de casa às 4 ou 5 horas da manhã, sujeitos a assaltos, trens sujos e atrasados e longos percursos. Trabalham, mas não têm carteira assinada. Desesperados por uma inflação galopante e uma perda completa de confiança política, esperam sempre um salvador que, contraditoriamente, encastelado no ápice do Estado, pode consertá-lo.

De acordo com Pereira (1991), em contraposição a esse discurso para os "miseráveis" foi construído um discurso de modernização econômica (que se referia à abertura comercial, ao fim dos monopólios, à privatização, ao aumento da competição e à internacionalização da economia), voltado para o público mais escolarizado – portanto, com o objetivo de atingir outro segmento de mercado.

Conforme assinalam Sallum Junior, Graeff e Lima (1990), ao discorrerem sobre a construção da imagem de Collor, sua estratégia e seu marketing político foram perfeitos. Observam os referidos autores que

> Nos comícios, mostrados pela televisão, o espetáculo impressionante de Collor, caminhando no meio da massa ou dirigindo-se a ela do palanque, punhos cerrados, braços erguidos num gesto de desafio – muito mais do que o teor dos discursos, sempre curtos, cristalizou a imagem do candidato como a força dos que não têm força, a coragem dos desalentados, a possibilidade de salvação daqueles a quem a sociedade marginalizou e transformou em sub-homens, cidadãos de segunda classe. (Sallum Junior; Graeff; Lima, 1990, p. 73)

Collor fez do marketing político seu grande cabo eleitoral, menosprezando o peso e as praxes da tradição da política partidária nesse processo. Ele aproveitou a democracia recente e a fragilidade partidária para lançar sua candidatura com base somente nos instrumentos do marketing político.

Collor tornava público o que deveria ser privado, o que pertencia à sua vida pessoal e íntima e à sua personalidade, afirmam Passador e Passador (2000). Esse processo finalizou por traduzir-se em crise conjugal para a população. Até mesmo as denúncias de corrupção que o levaram ao pedido de *impeachment* partiram de Pedro Collor, seu irmão, e de um possível drama familiar, não contido no âmbito privado.

Em 1989, Collor introduziu no cenário político nacional alguns componentes essenciais para o desenvolvimento do marketing eleitoral e político, como a utilização de pesquisas, a elaboração de estratégia de campanha e a utilização dos veículos de comunicação disponíveis para criar uma imagem positiva perante o eleitorado.

A campanha de Collor usou todos os tipos de pesquisas – qualitativas e quantitativas – e todas as demais ferramentas mercadológicas existentes. Ela superestimou o peso do marketing político, que posteriormente revelou suas fragilidades em relação ao papel dos partidos políticos e das alianças políticas tradicionais.

Mesmo assim, esses métodos mercadológicos aplicados à política passaram por um momento de depuração e amadurecimento institucional. A política brasileira durante a década de 1990 sugere uma consolidação do sistema democrático, apesar de a mídia ter aparecido como instrumento fundamental, palco privilegiado das disputas de poder no mundo contemporâneo.

Em estudo sobre a cultura política, Moisés (1995, p. 152) verificou, por meio da utilização de pesquisas com a população brasileira, que "entre o final da década passada [década de 80] e o início dos anos 90, o público de massa, no Brasil, mostrou que sua orientação política caminha no sentido de adesão à democracia".

O papel das mídias na campanha de Collor

A produção da imagem social nacional de Collor, incluindo sua equipe de participantes de influência política, esteve o tempo todo relacionada à participação das mídias. A rigor, Collor se apresentou como um produto, em especial por meio das mídias. Com essa finalidade, ele e seus companheiros da República em Alagoas recorreram a todos os dispositivos e acessórios midiáticos disponíveis: pesquisas, estratégias comunicativas, mobilização, planejamento etc.

Nesse projeto político, a opinião de Braga (1989) é que Collor foi reduzido a mero acontecimento lançado pelas mídias. Tal afirmativa entroniza as mídias como sujeitos e deprecia Collor, deslocando-o para o papel de coadjuvante, quando muito, condescendente com a finalidade midiática. A ação política torna-se, assim, apenas um fenômeno relativo à mídia.

Já para Albuquerque (1994), tal influência tem a ver também com os interesses midiáticos, mas Collor assume um desempenho também instruído e adequado pelas mídias. Collor apresenta-se como jovem, galã, atleta, herói e caçador. Não por acaso, a sintonia entre Collor e a mídia acontece antes, durante e depois das eleições de 1989. E mais, para o estreitamento de tal aliança, foi fundamental o cenário construído pela mídia. Dele Collor se alimenta e a partir dele se faz presidente.

Collor é visto, desde então, como figura simbólica, como o primeiro político que, em circuito nacional, propositadamente atua com as mídias na veiculação de sua imagem política; ele se adapta ao panorama social e se torna um "político midiático". Collor se transforma em um *outsider* da política, em um caçador de marajás.

O que ocorreu na sequência foi que a orientação de conciliação entre o político e o midiático se manteve em estado de conflito constante – uma situação inicialmente apropriada às finalidades de Collor transformou-se, vagarosamente, em um conflito percebido por todos. Como suposição, é possível dizer que o midiático, antes viabilizador do político, na continuidade contribuiu para o seu fim.

O deslumbre e a simpatia das mídias colocaram em destaque o narcisismo de Collor, enquanto a subestimação do funcionamento próprio do campo da política possibilitou a autonomização do componente midiático.

Qual foi o resultado desse processo?

A superexposição do presidente às mídias, sem o necessário suporte e legitimidade provenientes de um campo (no caso, o campo da política), o qual, por sua vez, é externo às mídias, fez com que Collor ficasse refém da lógica midiática, que é autofágica, pois devora ciclicamente um a um seus supostos "deuses".

O marketing político do Presidente Fernando Henrique Cardoso

Fernando Henrique Cardoso (FHC) ficou conhecido como um político forjado em procedimentos próprios do campo político. Seu passado de cientista social, que pensa o Brasil e o mundo; sua história, como intelectual crítico que se exila e que posteriormente retorna ao país para participar da luta democrática contra a ditadura; seu ingresso nas lides partidárias da oposição e, enfim, suas candidaturas e sua assunção/ascensão ao Senado, no qual era suplente de Franco Montoro – todo esse itinerário parece reafirmar uma linhagem específica de realização política que dispensaria dispositivos outros, tais como aqueles de caráter midiático, inclusive os referentes à produção de imagens sociais. De acordo com Rubim (1994), como político, FHC, considerando-se as técnicas de marketing eleitoral, não estaria disponível para tais dispositivos – aliás, muitas vezes pensados como meros acessórios.

Assim, a disputa política na eleição de FHC foi muito mais marcada pelas alianças partidárias do que pelo uso do marketing político, que passou a ser apenas mais um instrumento do jogo, a cada dia mais sofisticado e com inúmeras ferramentas para sua elaboração.

As eleições de 1994, para Meneguello (1994), em virtude de seu caráter geral, reforçaram o papel das máquinas partidárias e potencializaram, no processo eleitoral, as administrações locais, a política partidária-representativa local e a militância partidária.

Ainda assim, durante a década de 1990, o marketing eleitoral e político passou a integrar a política brasileira, inclusive após o período eleitoral. No pleito de 1994, foi possível observar de forma mais clara as novas formas de comunicação adotadas nos processos eleitorais no país.

A partir das eleições de 1993, o marketing eleitoral e político tornou-se um dos mais importantes componentes do sistema eleitoral. Ocorreram ampliações nas formas legítimas de participação política, quando o marketing passou a ser usado como mais uma ferramenta, indispensável e quase que decisiva para o processo político-eleitoral e de governo que se consolidou no Brasil a partir daí.

Inserido nesse ambiente, o Presidente Fernando Henrique Cardoso foi um dos principais políticos que utilizaram instrumentos de marketing em seu governo. Depois de eleito, FHC contratou empresas especializadas que eram responsáveis pela elaboração de relatórios sobre o seu governo, com análises de todas as matérias, entre artigos, editoriais, notas, manchetes e chamadas de primeira página nos principais jornais do país que faziam referência ao seu governo.

Esses profissionais, a partir do material publicado pelo conjunto da mídia, sistematizavam o quanto tal publicação recebera avaliação favorável, desfavorável ou neutra. Além disso, eram elaborados gráficos que apresentavam um balanço para cada mídia, estipulando, inclusive, o número de ocorrências ou o espaço ocupado em centímetros/coluna. Eram também relacionados os assuntos que tinham impacto positivo ou negativo na imprensa e sugeridas algumas atitudes que deveriam ser tomadas por FHC em relação aos meios de comunicação. Em outras palavras, podemos afirmar que o marketing político passou a integrar o cenário político nacional em definitivo na década de 1990.

Nesse período, e com esse tratamento, os conceitos mercadológicos foram aplicados à Administração Pública. Segundo Matos (1999b), na categoria *cidadania e justiça*, a maior parte dos filmes publicitários veiculados durante o governo FHC tinham exatamente o tema *direitos do consumidor*.

Nessa etapa, a comunicação oficial passou a ser tratada como tema de marketing público, ou seja, a partir de um princípio de mensuração contínua do impacto das ações governamentais sobre o consumidor/cidadão, como modo de estabelecer metas, ações e projetos de governo.

É nessa perspectiva que se insere a ideia de marketing público, ressaltando que a lógica de mercado aplicada ao conceito de marketing público não inviabiliza a perspectiva institucional na comunicação do governo. Essas ideias podem ser observadas no plano de comunicação institucional do governo FHC, no início de 1997.

O marketing político nas eleições presidenciais de 2002

Crédito: Flávio Florido/Folhapress

As práticas de marketing político adotadas em 2002 pelo candidato Luís Inácio Lula da Silva, no geral, não haviam sido incorporadas por ele na disputa pela presidência em 1989. Nesse ano, o PT (Partido dos Trabalhadores) enfatizava, durante a campanha, a importância do partido e do discurso político em detrimento do marketing, posição que começou a ser revista nas campanhas petistas posteriores, com mudança definitiva em 2002.

A campanha de 2002 deixou a impressão de uma disputa definida há muito tempo. Na liderança desde o começo na intenção de votos do eleitorado, o candidato Luiz Inácio Lula da Silva (PT) conseguiu se eleger, o que vinha tentando desde 1989.

O PT, nas eleições de 2002, rendeu-se ao marketing político e apresentou Lula vestido de terno, com a barba impecavelmente aparada e com um discurso de "paz e amor". Desde a primeira pesquisa eleitoral, Lula esteve em primeiro lugar nas intenções de votos e só não se elegeu no primeiro turno em virtude da habilidade da equipe de marketing do candidato José Serra.

Nos anos de 1994 e 1998, o candidato petista perdeu para FHC no primeiro turno. Em 1998, as pesquisas já apontavam que este último tinha grandes chances de vitória e que consequentemente seria reeleito já no primeiro turno. Na campanha de 1998, FHC recebeu 53% dos votos, contra 31,7% de Lula, com Ciro Gomes em terceiro, com 10,9%.

A campanha de Lula em 2002 demonstrou que um candidato bem assessorado pode sair melhor do que entrou. José Serra começou essa campanha com 11% das intenções de voto e, logo após o início do programa eleitoral, subiu para 19%. Ele conseguiu passar para o segundo turno usando a técnica de fragmentação e reconstrução de imagem do seu oponente mais frágil, Ciro Gomes, que, por total desconhecimento de técnicas de marketing político, entrou no jogo e se deixou levar.

A equipe de marketing de José Serra, mesmo tendo em mãos um candidato com vários problemas de apresentação e com deficiências de comunicação, conseguiu melhorar, e muito, o desempenho dele.

Em relação ao marketing eleitoral, Franzoia, Furtado e Freitas (2002) fazem uma ressalva quanto a uma variável das eleições de 2002 que é interessante de ser observada. Segundo os autores,

> As eleições deste ano [2002] inauguraram uma variável do marketing eleitoral: a política de auditório. A pouco mais de dois meses do início oficial do horário gratuito, os quatro pré-candidatos à Presidência da República mais bem colocados nas pesquisas de intenções de voto invadiram a programação televisiva. Nos últimos três meses, estiveram em pelo menos 40 programas transmitidos em cadeia nacional, numa movimentação inédita na história das campanhas eleitorais brasileiras. Nunca os presidenciáveis estiveram diante de uma fatia tão ampla de telespectadores em atrações que fogem da superprodução dos programas eleitorais. Em meio a dançarinas com roupas minúsculas, sentados em sofás, colocados em cenários inspirados em sex shops ou atrás de simples mesas de entrevistas, o petista Luiz Inácio Lula da Silva, o tucano José Serra e os ex-governadores Anthony Garotinho (PSB) e Ciro Gomes (PPS) respondem a perguntas que vão da adesão do Brasil à Área de Livre Comércio das Américas (Alca) a se já traíram a esposa. Toda essa exposição é uma boa notícia. (Franzoia; Furtado; Freitas, 2002)

Naquela eleição, entre os partidos que disputavam o cargo presidencial, podemos afirmar que o PT era o que apresenta o maior grau de identificação com uma base, a saber: o operariado urbano e os jovens, com uma alta penetração entre intelectuais e professores, considerados públicos formadores de opinião.

O PT, de acordo com Lima (1998), tinha, na ocasião, um programa de mudanças sociais e econômicas de cunho fortemente progressista e socializante. Além disso, seus políticos eram fiéis e coerentes com as plataformas do partido – pelo menos para os padrões brasileiros –, o que lhes conferia uma boa credibilidade junto à opinião pública.

Diretrizes mercadológicas das eleições presidenciais de 2002

Neste ponto da obra, é importante perguntarmos: Como distinguimos ou caracterizamos uma campanha eleitoral eficaz? De forma simples e resumida, podemos dizer que uma campanha eleitoral eficaz é a que conduz à vitória.

Para tanto, ela precisa ter brilho. A vivacidade de uma campanha assemelha-se à afinação de uma orquestra sinfônica. Todos em harmonia para tocar a mesma melodia. O candidato precisa passar a ideia de onipresença, ou seja, deve transmitir a sensação de que está no norte e no sul, no leste e no oeste do país.

E os materiais? Eles são relevantes? Os materiais de campanha devem ser de bom gosto, com *slogan* direto e objetivo, devem ser capazes de traduzir a identidade do candidato e, sobretudo, devem transmitir credibilidade. Além disso:

» os programas de TV e rádio devem ser atrativos, criativos, fortes, sem apelação e exageros, pois precisam parecer com a programação normal dos canais;
» deve-se evitar o discurso exaustivo e maçante;
» os comícios não podem ser cansativos;
» os showmícios precisam ter boas atrações; e
» os programas de ação precisam contemplar, efetivamente, as demandas reais da população.

Durante as eleições, a dúvida mais frequente é acerca da eficiência dos debates nas porcentagens de intenção de voto. Na visão de Rego (2003), vale mencionar algumas posições estabelecidas, começando pelo fato de que o debate é sempre fundamental para quem está perdendo. A justificativa é que quem está abaixo pode evoluir com o bom desempenho no debate; já quem está acima corre o risco de perder espaço, caso não se saia como planejou.

Podemos imaginar que foi por esse motivo que o candidato Paulo Maluf, na campanha ao governo de São Paulo (em 2002), evitou o debate na TV Record, pois não queria correr o risco de perder pontos para o candidato Geraldo Alckmin, apenas dez pontos atrás. Apesar dessa "fuga", sua posição nas pesquisas permaneceu a mesma. O segundo fato é que o debate pode ser uma boa oportunidade para um candidato esclarecer um mal-entendido.

Uma disputa realmente acirrada ocorreu em 1989, quando os candidatos chegaram para o debate na TV empatados tecnicamente, Collor com 46% e Lula com 45% das intenções de voto – isso em uma campanha recheada de ataques pessoais e dossiês. Atribulado com a possibilidade de não ganhar as eleições, Collor, na fase final da campanha, levou ao ar uma entrevista da ex-namorada de Lula, Miriam Cordeiro (com quem ele tem uma filha), na qual dizia que Lula era o homem que largara a filha ao abandono e que acabara com sua vida.

Pode ocorrer também um desempenho semelhante entre o ataque e a defesa, que poderíamos considerar como um empate técnico – mas, na verdade, não existe empate técnico, pois os eleitores tendem a considerar que seu candidato venceu os adversários.

Foi exatamente o que aconteceu no debate entre os candidatos à presidência da República em 2002 promovido pela TV Record: Serra e Ciro se combateram calorosamente, enquanto o petista Lula apenas observava a luta de sua cabine, com algumas voltinhas olímpicas pela arena. Mais atrás, Garotinho atacou para todos os lados, dirigindo-se ao tucano com ironia.

Naquela ocasião, os eleitores de Ciro afirmaram que ele "não leva desaforo para casa" e consideraram o candidato vitorioso no debate. Já os eleitores de Serra afirmaram que ele é "bom de briga", decretando também sua vitória. Nesse contexto, a vitória de um ou outro é alcançada mais à frente, quando as vozes das campanhas, aliadas às pesquisas de opinião e ao jornalismo, se fazem ouvir – então, vence o candidato mais comunicativo. No caso de Serra e Ciro, o melhor seria aquele que tivesse o poder de fazer brilhar o discurso. No entanto, Ciro cometeu um erro gravíssimo, o de brigar com jornalistas e com a mídia; assim, Serra saiu na frente.

No caso do candidato Lula, ele saiu ganhando nessa discussão exasperada entre Serra e Ciro, mesmo ficando à parte, já que seus eleitores continuaram a seu favor.

Sob outro ponto de vista, Lula poderia ter sido iludido pela contundência da discussão entre Ciro e Serra, perdendo em reflexão. A contrariedade entre os dois despertou a atenção do público eleitor, o que possibilitou o crescimento das intenções de votos. Isto é, se a campanha ficasse focalizada nos dois, Lula correria o risco de ser ofuscado.

O que se viu foi que Lula, com seu passeio olímpico, garantiu passagem para a disputa do segundo turno, que foi intensamente acirrada.

O adversário de Lula no segundo turno trouxe traços de força e resistência em razão das vantagens do primeiro, apresentando uma crescente intenção de votos. Mas, no embate final, de acordo com a opinião de Chico Santa Rita (2003), o principal fator que contribuiu para a vitória de Lula e que prejudicou Ciro e Serra foram, de fato, os ataques entre um e outro, que acabaram anulando os dois candidatos – o que, por conseguinte, deu muito mais força a Lula.

Santa Rita (2003) não crê que uma campanha que tenha sido planejada há mais tempo, como foi a de Lula, tenha lhe trazido benefícios – tal fato não é fundamental e também não foi decisório. Acredita, sim, que "o que o ajudou, já que estava 'encaixotado' e sem espaço para crescer, foi a anulação entre Ciro e Serra, resultando, então, na vitória do improvável".

Podemos observar uma forte semelhança entre a campanha eleitoral de 2002 e as de 1994 e 1998: a campanha de 2002, assim como as outras, deixou a impressão de disputa definida há muito tempo.

O candidato petista perdeu para o então candidato Fernando Henrique Cardoso no primeiro turno, tanto em 1994 quanto em 1998. Em 3 de outubro de 1994, como ministro de Itamar Franco, FHC recebeu 54,3% dos votos e Lula 27%.

Naquela época, o Plano Real estava em alta, alcançando resultados que agradavam a maioria da população. O candidato do PT, mesmo assim, atacou o plano durante toda a campanha e, com isso, sofreu uma grande derrota nas urnas. Precisamos lembrar, ainda, que o terceiro colocado nessa eleição foi o Sr. Enéas Carneiro, que posteriormente foi campeão de votos para deputado federal em São Paulo, quando conseguiu mais de 1,5 milhão de votos.

No entanto, mesmo conseguindo a vitória, a queda de popularidade e confiança no governo pôde ser observada no resultado das pesquisas. FHC levou no primeiro turno, porém com uma diferença muito pequena. Assim, se fizermos uma pequena analogia, o então presidente perdia votos em relação a 1994, enquanto Lula ganhava. Já em 2002, na liderança desde as primeiras pesquisas de intenção de votos, o candidato Luiz Inácio Lula da Silva conseguiu o que vinha tentando desde 1989, na primeira eleição direta para presidente, quando chegou ao segundo turno empatado com Fernando Collor de Mello.

Desde o início desse processo, Lula ostentava a liderança e só não levou no primeiro turno graças à capacidade da equipe de marketing do candidato José Serra. A vantagem de Lula sobre José Serra era de 22,6%. Assim, eis a síntese da campanha de 2002: é possível que um candidato bem assessorado possa se sair melhor do que entrou.

Como já relatado anteriormente, nas eleições de 2002, José Serra, quando iniciou a campanha, dispunha de 11% das intenções de voto e, logo após o início do programa eleitoral, subiu para 19% (Ibope, 2002). Conseguiu passar para o segundo turno usando a técnica de fragmentação e reconstrução de imagem do seu oponente mais frágil, na ocasião o candidato Ciro Gomes, que, por total desconhecimento de técnicas de marketing político, entrou no jogo e se deixou levar por richas. Serra fechou o primeiro turno com 23,20% dos votos e chegou ao final do segundo turno com 38,7%.

Ou seja, é isso o que um bom trabalho de marketing político pode e deve dar a um cliente: no final, ele deve estar melhor do que quando começou.

Aspectos do segundo turno das eleições 2002

No segundo turno, de acordo com Rego (2002), a fase do "Lulinha, paz e amor", *slogan* com a "doçura do mel", veio diretamente do laboratório de Duda Mendonça para marcar de forma veemente o distanciamento do candidato de uma campanha caracterizada por ser uma guerra entre muitas e arrebatadoras batalhas. O candidato, então, abdicou da imagem do período "Lulão, guerra e sangue".

Até o final do primeiro turno, Lula havia sido preservado de ataques contundentes. Porém, no segundo turno, foi necessário se deslocar ao centro do ringue, não por vontade própria ou por determinação de seus marqueteiros, mas pela inevitável necessidade de se defender e de se prevenir contra os ataques desferidos contra seu perfil, que fizeram parte da estratégia tucana, cujo intuito era desfazer a imagem do "candidato acima de tudo e de todos".

Todavia, houve certa dificuldade para desmontar um conceito que se enraizou nos espaços da opinião pública. Mais do que outros candidatos, Lula havia trabalhado nas últimas três décadas para fixar a imagem de oposicionista, intérprete sensível dos anseios da sociedade e representante mais forte do conceito de mudança. A seu favor, contava um acentuado desejo da maioria da população de mudar os rumos da política econômica.

Assim, para ganhar a confiança do eleitorado, principalmente de estratos médios para cima, Lula acolheu a **edulcoração de seu perfil**, levada a efeito por meio de pílulas receitadas para aprimorar e adoçar o discurso, arrumar a linguagem e compor harmônica e modernamente seu visual. Feita a lição de casa, o candidato passou a circular entre as elites, correu o país, abriu alianças com a direita e pôs um freio nos radicais, o que acabou dando certo.

Contra Lula, durante o segundo turno, pesavam exemplos negativos de administrações petistas e dissonâncias relacionadas à falta de preparo e experiência.

Quando houve a confirmação de Serra como adversário de Lula na reta final, o efeito imediato foi a antecipação do segundo turno, quando começaram os primeiros ataques entre ambos. De acordo com Rego (2003), a antecipação era fundamental para Serra, porque a campanha do segundo turno, muito curta, não dava espaço para descolar o conceito de Lula do sistema de cognição do eleitorado, pelo menos nos níveis necessários para derrubá-lo. Ou seja, quanto mais curta a campanha, melhor era para Lula e pior para Serra.

Lembramos a propósito que, para Iten e Kobayashi (2002), a estratégia de campanha, as formas de abordagem, as expectativas criadas pela população ou pelo conjunto da massa de eleitores podem se modificar com grande velocidade. Isso exige autocrítica constante, a fim de chegar a um bom entendimento dessas demandas e das ações práticas que deveriam ser executadas, bem como para identificar a forma e a intensidade dos meios necessários para proceder à reformulação da linha de trabalho enquanto o processo eleitoral continua seu curso.

Pensando nessas hipóteses é que os profissionais de marketing, tanto de Lula como de Serra, mudaram suas táticas de campanha – um processo eleitoral é algo extremamente dinâmico, por isso é necessário trabalhar com certa rapidez para sair à frente dos acontecimentos.

Essa pressa se justifica, pois o processo de absorção e de internalização de uma ideia leva tempo (Rego, 2003). Inicialmente, o eleitor é "laçado" pela rede de comunicação; depois, toma conhecimento dos fatos, o que nem sempre se dá com os primeiros programas ou ataques; na continuação, é banhado pelas ondas de irradiação da opinião. A tomada de decisão vai acontecendo com as conversas entre amigos e interlocutores diversos.

Quando o ataque é frontal e mortal, ou seja, quando há uma possibilidade indiscutível de que a acusação seja verdadeira, até pode causar efeito imediato. Esse é o caso de gafes ou fatos de alta gravidade que comprometem a moral do candidato, como denúncias de envolvimento em quadrilhas e gangues, beneficiamento de grupos ou casos de enriquecimento pessoal ilícito.

Logo, em uma campanha nunca devemos subestimar a capacidade de organização ou de reação dos adversários, desde o dia em que a estrutura começa a ser montada e têm início os convites para a integração da equipe até o dia da divulgação dos resultados eleitorais.

A disputa, porém, não foi travada nesse campo, até porque Serra e Lula tinham trajetórias reconhecidas e eram vistos como pessoas de bem. Ocorreu que, mais uma vez, a inexperiência e o despreparo de Lula foram evidenciados com a inevitável pergunta sobre quem era o mais preparado. E Lula se sustentou na recorrente questão da viabilidade e da eficácia das propostas de Serra, com o argumento de que o tucano havia participado de um governo que prometera realizar os mesmos projetos, mas não cumprira.

Os contrapontos estavam delimitados. Os governistas diziam que Lula não teria capacidade, não era preparado e lhe faltava experiência de governo. Os oposicionistas, por sua vez, defendiam a tese de que Serra não faria o que prometia, enganando mais uma vez o povo, como Fernando Henrique o fizera. A reação do eleitor era uma incógnita.

Esse é o chamado *nó do marketing*, de acordo com Rego (2003). Algumas posições poderiam, de antemão, ser previstas: o eleitor colocaria em questão a confiabilidade dos dois candidatos; observaria a pertinência do ataque, analisando exageros e propriedades; distinguiria quem estava sendo mais sincero e menos artificial nas propostas; decidiria sob a balança da segurança e do medo representada pelos dois perfis; seria induzido pelas circunstâncias que se fariam presentes na semana final de outubro (insegurança econômica, decisões intempestivas do governo federal, crises e abalos na área social); e por fim haveria uma associação com o futuro imediato (quem entre os dois garantiria mais dinheiro no bolso aos brasileiros ou mais segurança familiar?).

Para concluirmos, consideremos que, de acordo com Rego (2003), Fernando Henrique, na posição de magistrado, ajudaria Lula; de mangas arregaçadas, na rua, fazendo campanha, favoreceria Serra. Ele ficou na de magistrado, e o fim da história é de todos conhecido.

As epidemias que afligem as eleições

A dengue pode ser considerada o calcanhar de aquiles de Serra nas eleições presidenciais, mas ele tentou desfazer esse imbróglio por meio dos genéricos e da queda de braço que ganhou com os laboratórios e com o combate à Aids. Serra podia ser considerado como um candidato bom de conteúdo; por outro lado, faltava-lhe simpatia pessoal, condição-chave para gerar empatia.

Apesar de bom de conteúdo, ele perdeu para Lula, que não tinha experiência. Já ouvimos várias vezes na TV a expressão "ambiente propício à proliferação de bactérias" – no caso da proliferação do mosquito da dengue, esse ambiente é a água parada.

Podemos observar que, no Brasil, em relação a seu universo político, também há ambientes propícios para a proliferação de tendências, às vezes viciosas. Foi o que aconteceu com Jânio Quadros na década de 1960 – o conhecido desvairo janista, que chegou a ser chamado de *febre janista*, tal o grau de contágio que provocou nos eleitores em todo o país. Outro exemplo que pode ser citado foi a eleição durante o Plano Cruzado, que teve como ápice a célebre frase atribuída a Ulysses Guimarães: "o PMDB este ano elege até poste".

Nesse contexto, não podemos nos esquecer das febres mais atuais, entre elas, embora não tão contagiosa como as outras, a **proliferação Collor de Mello**, que o elegeu presidente da República.

Durante as eleições de 2002, sentimos as consequências da **febre petista**. Os sintomas não são muito diferentes dos anteriores: alta votação em todo o país (Lula venceu em 23 estados e no Distrito Federal), eleições estaduais de maioria petista (7 dos 12 governadores eleitos no primeiro turno foram do PT), com aumento de bancadas na Câmara e no Senado, coligações com partidos "nunca dantes navegados" etc.

Essa febre tornou-se contagiosa: entre os sintomas, foi detectado que, para os eleitores, votar no governo era "brega" e na oposição era "chique"; votar a favor do governo era motivo de vergonha, mas a favor da oposição era algo a ser alardeado.

O maior problema desse cenário é o patrulhamento ideológico que advém de uma febre dessas e que pode ganhar contornos assustadores. Esse patrulhamento existia e sempre existiu em alguns guetos mais radicais.

Você já deve ter ouvido que a mídia é capaz de mudar as posições do *ranking* eleitoral de qualquer cargo eletivo. Essa questão, que acende as conversas em todos os espaços nacionais, carece de uma análise que contemple não apenas as características do meio indutor de imagem, mas também uma leitura acurada do momento social, político e econômico.

É imperioso, portanto, destacarmos inicialmente que uma campanha eleitoral não é apenas fruto da visibilidade de um candidato, via TV ou rádio. A campanha é um conjunto de elementos, fatores e ações. Esse panorama abarca o discurso do candidato, a leitura dos anseios e expectativas dos eleitores, a mobilização e todo o potencial dos eventos, a ação dos candidatos proporcionais e o trabalho dos cabos eleitorais, a força dos prefeitos e a grande energia dispensada pelas ações não governamentais, que formam um imenso sistema de pressão e influência em nosso país.

Outrossim, cada campanha tem um clima próprio, diferente do clima vivido na anterior, mesmo que haja entre os candidatos um ou outro já conhecido. Isso significa dizer que cada campanha tem seu horizonte definido, sua cor básica. Nas eleições de 2002, por exemplo, a cor era a da insatisfação generalizada. O candidato que mais se aproximasse dos anseios das comunidades estaria induzindo a decisão do eleitor. Nesse sentido, valia o ditado popular: "Água de morro abaixo, fogo de morro acima, quando o vento corre para um lado, ninguém é capaz de detê-lo". Os candidatos que se encontravam na liderança da corrida se assemelham aos ventos do tempo.

Por fim, é importante considerarmos o nível de satisfação das classes sociais. Cada classe dispõe de uma forma diferenciada de vivenciar seus problemas, algumas com sentimentos mais ligados ao dia a dia, outras com expectativas voltadas para médio e longo prazos, ou seja, vivemos tanto a pressão do momento quanto o medo do futuro.

O candidato que tem condições de interpretar mais adequadamente tais sentimentos tem um êxito maior. Não se trata apenas de prometer. Nesse ponto, encontra-se em análise o patrimônio de credibilidade de cada um. A promessa deve sempre ser embalada pelo efeito da demonstração: como será cumprida a promessa e com que recursos.

Nesse sentido, podemos concluir que o tempo de TV não pode ser considerado fator determinante de sucesso ou fracasso. E essa é a questão central. Alguns candidatos, em todas as esferas, costumam apostar muito na programação eleitoral, como se a exposição e a visibilidade fossem elementos de poder definitivo e arrebatador.

Qual foi a importância dos programas eleitorais na eleição de 2002? O programa eleitoral serve apenas como força auxiliar. E, para não correr o risco de perder esse tempo precioso, é preciso muita cautela, pois essa ameaça paira sobre profissionais de marketing e sobre certos candidatos. É claro que o tempo de TV tem importância, especialmente quando se trata de comparar um candidato que dispõe de bom espaço com outro que conta com insignificantes minutos. Um tempo longo usado de maneira inadequada, com formatos antiquados, elogios adjetivados e chavões, terá o efeito de um bumerangue, voltando-se contra o próprio candidato.

Para Kuntz (1998), no mundo moderno, um candidato que pretende desenvolver uma campanha eficaz, dirigida para grandes populações, não pode prescindir dos veículos de comunicação de massa. À medida que aumentam a abrangência geográfica de sua campanha e a densidade populacional da comunidade a que deve se dirigir, maiores serão as necessidades de acesso a meios de comunicação capazes de atingir o maior número de eleitores, uma vez que a tecnologia faculta ao candidato um dom que até pouco tempo atrás não era possível para o ser humano – a onipresença.

Os meios de comunicação, nos últimos anos, revolucionaram o mundo moderno e possibilitaram uma integração entre as nações, interna e externamente, agilizando a troca de informações e tornando-se um dos pilares do progresso mundial. Dito isso, é importante reconhecer a eficácia dos debates na TV para os candidatos de qualquer cargo eletivo.

Os debates entre os candidatos tiveram, nessas últimas campanhas, um papel fundamental, pois serviram para mostrar não apenas os programas de governo, mas o estilo e o comportamento dos candidatos, apresentando aos eleitores uma comparação de perfis.

A propósito, é importante lembrarmos que a população gosta de saber como agirão os mandatários: o jeito de cada um e sua maneira de agir. Essa curiosidade acaba conduzindo as atenções e os interesses para a esfera da conduta pessoal. Nesse sentido, as acusações e o palavrório fazem parte do processo.

Nas eleições de 2006 e 2008, foi possível constatar ainda, em uma visão geral, uma tendência do eleitorado ao continuísmo, com resquícios da febre petista em decorrência da boa avaliação de sua administração. Também foi possível observar que a aversão à reeleição parece estar diminuindo entre os eleitores e gradativamente sendo incorporada à cultura nacional.

A democratização da informação e o uso de novas mídias, tais como redes sociais, evidenciam e comprovam que esses meios são eficazes como ferramentas de suporte. Assim, para as próximas eleições, seguindo uma lógica própria, com certeza surgirão novos conceitos e mecanismos, provavelmente com mais espaço na política para aqueles que não são políticos e maior interesse pelo assunto, principalmente por parte dos jovens. E é para isso que esta obra pretende contribuir.

Síntese

Vimos que, com a crescente sofisticação das técnicas de marketing e com a tecnologia a favor das disputas eleitorais, é cada vez mais importante para o candidato ou partido direcionar sua campanha de maneira mais profissional e mais científica. O candidato ou partido necessita caminhar em harmonia com as tendências do mercado político-eleitoral no seu devido tempo, espaço e história política, não é mesmo? Vimos também que no Brasil, pelo menos nos grandes centros, a maioria das campanhas políticas já está caminhando para um processo de profissionalização. Apresentamos, ainda, o *case* de marketing político da era Collor, que transcende o tempo, pois foi um divisor de águas nesse mercado, o case de FHC e o da campanha de Lula em 2002.

Questões para revisão

1. A campanha presidencial de 1989 fez com que o marketing político assumisse sua importância no Brasil momento em que presenciamos a conturbada eleição de Collor, considerada por muitos especialistas um dos mais relevantes *casos* eleitorais do mundo. Quanto a essas eleições, é possível afirmar:

   a. As eleições de 1889 não tiveram importância histórica nem significado político relevante pelo fato de apresentarem inúmeras novidades, principalmente depois de 20 anos de ditadura, e pela falta de experiência dos candidatos, fruto da ausência de eleições livres para os principais cargos majoritários durante tanto tempo.

   b. As eleições de 1999 tiveram importância histórica e expressivo significado político em virtude de apresentarem poucas novidades, principalmente depois de 20 anos de ditadura, e da falta de experiência dos candidatos, fruto da ausência de eleições livres para os principais cargos majoritários durante pouco tempo.

   c. As eleições de 1989 tiveram importância histórica e expressivo significado político em virtude das inúmeras novidades que apresentaram, principalmente depois de 20 anos de ditadura, e da falta de experiência dos candidatos, fruto da ausência de eleições livres para os principais cargos majoritários durante tanto tempo.

   d. As eleições de 2012 tiveram importância histórica e um expressivo significado político em virtude das inúmeras novidades, principalmente depois de 20 anos de ditadura, e da falta de experiência dos candidatos, fruto da ausência de eleições livres para os principais cargos proporcionais durante tanto tempo.

2. Em 1989, Collor introduziu no cenário político nacional alguns componentes essenciais para o desenvolvimento do marketing eleitoral e político, tais como:

   a. pesquisas, elaboração de estratégia de campanha e utilização dos veículos de comunicação disponíveis para criar uma imagem positiva.

   b. urnas eletrônicas, elaboração de estratégia de campanha e utilização dos veículos de comunicação para criar uma imagem positiva perante o eleitorado; o candidato, porém, abriu mão de pesquisas.

   c. pesquisas e elaboração de estratégia de campanha; o candidato, porém, deixou de utilizar veículos de comunicação para criar uma imagem positiva.

   d. pesquisas, elaboração de estratégia de campanha e utilização dos veículos de comunicação disponíveis para criar uma imagem negativa.

3. A campanha de Collor se valeu de pesquisas em seu planejamento e em seu desenvolvimento. Assinale a seguir os tipos de pesquisa utilizados em 1989:

   a. Pró-ativas e quantitativas.
   b. Qualitativas e quantitativas.
   c. Qualitativas e medianas.
   d. Presenciais e quantitativas.

4. Em estudo sobre a cultura política, Moisés (1995, p. 152) verificou, por meio da utilização de pesquisas com a população brasileira, que "entre o final da década passada [década de 80] e o início dos anos 90, o público de massa, no Brasil, mostrou que sua orientação política caminha no sentido de adesão à democracia". Você concorda com a afirmação do autor? Justifique sua resposta.

5. Qual foi o papel das mídias na campanha de Collor?

para concluir...

Em um contexto globalizado, em que todos os setores econômicos, políticos e sociais encontram-se interligados, o marketing tem se desenvolvido intensamente, sendo aplicado em vários segmentos novos. É uma ferramenta cada vez mais importante nas organizações atuais. As empresas o veem como um importante aliado na luta por seus mercados.

No que se refere ao marketing político, podemos destacar os aspectos culturais e sociais que definem o perfil do consumidor político, ou seja, dos eleitores, os quais serão analisados e influenciados por meio de uma campanha eleitoral planejada e divulgada em todos os meios de comunicações. Entre todos os recursos de marketing, nesta obra, procuramos direcionar o uso do composto mercadológico no marketing político e eleitoral brasileiro.

Podemos afirmar, recorrendo a Manhanelli (1988, p. 12), que o marketing político é "essencial à prática democrática da persuasão, como técnica que se vale de ideias e de sensações, da organização e da avaliação acerca do próprio candidato, do eleitorado em geral, dos segmentos a serem atingidos, dos concorrentes e das pesquisas de opinião pública", contexto no qual os processos eleitorais revelam que o povo responde mais facilmente aos apelos emocionais que venham ao encontro de seus desejos.

O marketing político apresenta muitas particularidades. Por um lado, é imperativo avaliar o eleitorado, o qual, por ser na sua maioria pouco escolarizado ou por falta de uma postura social crítica, vale-se dos meios de comunicação eletrônicos como principal fonte de informação sobre os candidatos. Assim, mediante alianças políticas, os partidos procuram se constituir e se fortalecer por meio de uma imagem garantida.

O grande público brasileiro pode ser dividido em segmentos com características distintas, em função de níveis culturais, sociais e étnicos, além das próprias diferenças geográficas. As histórias de vida de cada homem, família, grupo ou parte do país devem ser consideradas em uma campanha eleitoral nacional. As constantes mudanças decorrentes das transformações não só econômicas e políticas, mas também sociais e culturais pedem que o processo eleitoral seja reformulado continuamente.

A cada período eletivo, o levantamento de subsídios profundos que tragam reais respostas para as questões e inquietações sociais torna-se mais importante, pois se constitui como um trabalho de aproximação dos candidatos com o público em busca do voto. A imagem e a *performance* positivas de alguns políticos podem ser dependentes desses dados.

Entre alguns exemplos, citamos neste estudo a bandeira de "Caça aos marajás", que foi o argumento de justiça social utilizado por Fernando Collor de Mello. Também mencionamos a proposta de confiança no país e no candidato durante a campanha de Fernando Henrique Cardoso, que visava despertar os sentimentos de esperança e orgulho do povo brasileiro. No entanto, percebemos, nesses cenários, traços marcantes que os distinguem. Tais distinções residem no pano de fundo já antecipado e delineado de suas campanhas, o que foi proporcionado por **estudos qualitativos** criados em grupos de discussão, realizados em vários pontos do país, e muito anteriores ao período eleitoral – esse trabalho possibilitou o absoluto sucesso estratégico, deixando a cargo das pesquisas **quantitativas** o acompanhamento, a manutenção e a confirmação dos planejamentos vitoriosos.

Devemos advertir que as regras discursivas, argumentativas e visuais de uma campanha de sucesso, articuladas com o contexto social e histórico, podem significar muito pouco para o pleito seguinte. Cada eleição tem sua história, suas características.

O Brasil vem atravessando um período de aprendizagem democrática, de reconhecimento da política e de seus instrumentos. Observamos, por exemplo, que o brasileiro, cada vez mais, toma decisões com base em informação e que a política eleitoral do grande espetáculo não é mais capaz de produzir bons resultados.

É imprescindível que o candidato se comunique com o eleitor para apresentar seus programas, ideias, conteúdos e compromissos. Cabe, então, ao eleitor analisar, assimilar e interpretar a comunicação do candidato, para que, no dia da eleição, possa responder a esse apelo com seu voto. A principal finalidade do trabalho de um candidato é receber o voto do eleitor. Caso o eleitor não "compre" a ideia vendida pelo candidato, com toda a certeza ele vai exigir mais informações para poder tomar uma decisão.

A política se vale de todos os tipos de mídia: jornal, revista, rádio, televisão, cartazes, *outdoors*, folhetos, entre outros (sempre seguindo os critérios da legislação eleitoral), com a finalidade de expressar as ideias do candidato. Assim, quando o eleitor recebe todo esse material e analisa o conteúdo exposto, inicia-se um processo de empatia calcado na forma de apresentação do candidato, como sua postura e seu comportamento perante o grande público.

Nesse contexto, verificamos que o marketing eleitoral tem propriedades específicas que o diferenciam do marketing de produtos. O candidato, ao contrário de um produto, tem pensamentos próprios e uma história única, devendo seguir uma ideologia particular. Isso significa que é difícil construir um político sonhado por todos os "consumidores", nesse caso, eleitores. O que o marketing eleitoral permite é que as qualidades de certo candidato, capazes de satisfazer certo grupo de eleitores, sejam evidenciadas e destacadas por meio de uma linguagem adequada.

O marketing eleitoral não é uma poção mágica que do nada faz surgir um candidato ideal capaz de apresentar propostas que satisfazem a todos os eleitores e que resolvem todos os problemas da cidade ou da nação. Segundo Kuntz (1998, p. 73), "a pesquisa é o principal instrumento à disposição de um candidato para a elaboração de suas estratégias de campanha". Ela precisa contar com informações confiáveis como ponto de partida.

No cenário eleitoral brasileiro, há, obviamente, várias questões em aberto, mas uma em particular continua como referência de nossa falta de maturidade democrática – o voto obrigatório.

Vamos deixar para você este questionamento ou reflexão: pare para pensar sobre o fato de que, quando o voto deixar de ser obrigatório, somente quem tiver interesse nos procedimentos e soluções políticas comparecerá às urnas. Assim, talvez, os votos inconsequentes ou de protesto acabem, o que acabaria com o amadorismo eleitoral, com o lançamento de candidatos surreais ou meramente folclóricos. A falta de interesse e o descaso em relação ao assunto, que resultam em atitudes como votar nulo ou em branco, talvez não sejam o caminho para a mudança, pois acabam beneficiando somente os maus "políticos" ou os "produtos" abaixo do padrão exigido.

> "Não há nada de errado com aqueles que não gostam de política. Simplesmente serão governados por aqueles que gostam."
> **Platão**

O que fazer? Participe mais, leia mais, filie-se a um partido, participe intensamente da vida política de seu bairro, cidade, estado, país ou mesmo candidate-se e comece a fazer a diferença. Que tal? Cobre mais de seu representante! Aliás, você se lembra do candidato em quem votou na última eleição? Ser patriota somente na Copa do Mundo é fácil, reclamar é fácil, trocar de canal ou alugar um filme nos dias de horário eleitoral para não ter de assistir ao horário político é muito fácil. Vamos pensar nisso! O Brasil é, sim, o país do futuro, temos a chance de começar a mudança. Lembre-se: quem detém a informação detém o poder. Não se esqueça, porém, de que até o marketing tem limites.

consultando a legislação

Talvez a lei mais relevante para nosso tema seja aquela que restringe a veiculação de propaganda durante a campanha eleitoral. A seguir, reproduzimos alguns trechos essenciais de um dos manuais do governo referentes ao tema, a saber:

BRASIL. Tribunal Regional Eleitoral de Santa Catarina. Corregedoria Eleitoral de Santa Catarina. **Manual propaganda eleitoral**: eleições 2014. Brasília, 2014. Disponível em: <https://www.tre-sc.jus.br/site/fileadmin/arquivos/institucional/publicacoes/imagens/Manual_Propaganda_web_2014.pdf>. Acesso em: 12 ago. 2015.

Propagandas permitidas

Espécies

Placas, faixas, cartazes, pinturas e inscrições
(art. 11 e 12, Res. TSE n. 23.404/2014)

É permitida a propaganda em bens particulares, por meio da fixação de faixas, placas, cartazes, pinturas ou inscrições, que não excedam a 4 m² e que não contrariem a legislação eleitoral.

A veiculação de propaganda eleitoral em bens particulares deve ser espontânea e gratuita, sendo vedado qualquer tipo de pagamento em troca de espaço para esta finalidade.

Na inobservância das regras acima será notificado o infrator para, no prazo de 48 horas, removê-la e restaurar o bem, sob pena de multa no valor de R$ 2.000,00 (dois mil reais) a R$ 8.000,00 (oito mil reais), ou defender-se.

Proibições

Justaposição de placas que exceda o limite de 4 m², em razão do efeito visual único.

É vedada a veiculação de propaganda de qualquer natureza, inclusive pichação, inscrição à tinta, colagem, fixação de cartazes, estandartes, faixas e assemelhados:

» em bens cujo uso dependa de cessão ou permissão do poder público, ou que a ele pertençam; e
» em bens de uso comum, inclusive postes de iluminação pública e sinalização de tráfego, viadutos, passarelas, pontes, paradas de ônibus e outros equipamentos urbanos, e em locais de livre acesso à população.

Também é proibida a fixação de propaganda:

» em árvores e jardins localizados em áreas públicas, bem como em muros, cercas e tapumes divisórios, mesmo que não lhes cause dano.

Quem veicular propaganda em desacordo com o disposto acima será notificado para, no prazo de 48 horas, removê-la e restaurar o bem, sob pena de multa no valor de R$ 2.000,00 a R$ 8.000,00, ou defender-se.

Cavaletes, bonecos e mesas de distribuição de material
(art. 11, Res. TSE n. 23.404/2014)

É permitida a colocação de cavaletes, bonecos, cartazes, mesas para distribuição de material de campanha e bandeiras ao longo das vias públicas, desde que móveis e que não dificultem o bom andamento do trânsito de pessoas e veículos.

A mobilidade estará caracterizada com a colocação e a retirada dos meios de propaganda entre as 6h e as 22h.

Quem veicular propaganda em desacordo com o disposto acima será notificado para, no prazo de 48 horas, removê-la e restaurar o bem, sob pena de multa no valor de R$ 2.000,00 (dois mil reais) a R$ 8.000,00 (oito mil reais), ou defender-se.

Folhetos, volantes e outros impressos
(art. 10, § 6º, 11, *caput* e 13, Res. TSE n. 23.404/2014)

São permitidos até as 22h da véspera da eleição.

É responsabilidade dos partidos, coligações ou candidatos a edição dos folhetos, volantes e outros impressos, sendo-lhes facultada a impressão em braile, quando solicitado.

Todo material impresso deverá conter o número de inscrição no Cadastro Nacional de Pessoa Jurídica (CNPJ) ou o número de inscrição no Cadastro de Pessoas Físicas (CPF) do responsável pela confecção, bem como de quem a contratou, e a respectiva tiragem.

Na inobservância da regra acima o infrator estará sujeito a responder pelo emprego de processo de propaganda vedada e, se for o caso, pelo abuso de poder.

Proibições

É proibida a distribuição em bens públicos ou de uso comum, ainda que particulares.

Carros de som, alto-falantes e amplificadores de som

(art. 10, inc. III, Res. TSE n. 23.404/2014)

São permitidos, das 8h às 22h, até a véspera da eleição.

É assegurado aos partidos políticos e coligações o direito de instalar e fazer funcionar alto-falantes ou amplificadores de som, nas suas sedes e dependências, assim como em veículos seus ou à sua disposição.

Devem observar os limites do volume sonoro previstos na legislação comum.

Proibições

Uso em distância inferior a 200 m:

- » das sedes dos Poderes Executivo e Legislativo da União, dos Estados, do Distrito Federal e dos Municípios;
- » das sedes dos órgãos judiciais;
- » dos quartéis e outros estabelecimentos militares;

» dos hospitais e casas de saúde; e
» das escolas, bibliotecas públicas, igrejas e teatros, quando em funcionamento.

A inobservância da regra acima sujeita o infrator a responder, conforme o caso, pelo emprego de processo de propaganda vedada e pelo abuso de poder.

Comícios

(art. 4°, *caput*, 9° e 10, Res. TSE n. 23.404/2014)

Podem ocorrer das 8h às 24h.

Devem ser comunicados à autoridade policial com, no mínimo, 24 horas de antecedência, para que esta lhe garanta, segundo a prioridade do aviso, o direito contra quem pretenda usar o local no mesmo dia e horário.

Compete aos juízes eleitorais julgar as reclamações sobre a localização dos comícios e tomar providências sobre a distribuição equitativa dos locais aos partidos políticos e às coligações.

A autoridade policial tomará as providências necessárias à garantia da realização do ato e ao funcionamento do tráfego e dos serviços públicos que o evento possa afetar.

Pode ser utilizada aparelhagem de sonorização fixa e trio elétrico.

Proibições

É vedada a realização de comícios desde 48 horas antes até 24 horas depois da eleição.

É proibida a realização de showmício e de evento assemelhado para promoção de candidatos e a apresentação, remunerada ou não, de artistas com a finalidade de animar comício e reunião eleitoral.

A inobservância da regra acima sujeita o infrator a responder pelo emprego de processo de propaganda vedada e, se for o caso, pelo abuso de poder.

Caminhada, carreata e passeata

(art. 10, § 6º, Res. TSE n. 23.404/2014)

A caminhada, carreata e passeata são permitidas até as 22h do dia que antecede a eleição.

Internet

(art. 19 a 26, 27, § 5º e 83, Res. TSE n. 23.404/2014)

A propaganda eleitoral na internet poderá ser realizada:

» a partir do dia 6 de julho do ano da eleição;
» em sítio do candidato, do partido ou da coligação com endereço eletrônico comunicado à Justiça Eleitoral e hospedado, direta ou indiretamente, em provedor de serviço de internet estabelecido no País;
» por meio de mensagem eletrônica para endereços cadastrados gratuitamente pelo candidato, partido ou coligação; e
» por meio de *blogs*, redes sociais, sítios de mensagens instantâneas e assemelhados, cujo conteúdo seja gerado ou editado por candidatos, partidos ou coligações ou de iniciativa de qualquer pessoa natural.

É livre a manifestação do pensamento por meio da internet e por outros meios de comunicação interpessoal mediante mensagem eletrônica, assegurado o direito de resposta.

A inobservância do disposto acima sujeita o responsável pela divulgação da propaganda e, quando comprovado seu prévio conhecimento, o beneficiário à multa no valor de R$ 5.000,00 (cinco mil reais) a R$ 30.000,00 (trinta mil reais).

As mensagens eletrônicas enviadas por candidato, partido ou coligação, por qualquer meio, deverão dispor de mecanismo que permita seu descadastramento pelo destinatário, obrigado o remetente a providenciá-lo no prazo de 48 horas.

Mensagens eletrônicas enviadas após o término do prazo acima sujeitam os responsáveis ao pagamento de multa no valor de R$ 100,00 (cem reais), por mensagem.

É autorizada a reprodução virtual das páginas do jornal impresso na internet, desde que seja feita no sítio do próprio jornal, respeitados o formato gráfico e o conteúdo editorial da versão impressa.

Proibições

Realização de propaganda via telemarketing, em qualquer horário.

O anonimato durante a campanha eleitoral.

Veiculação de qualquer tipo de propaganda eleitoral paga.

É vedada, ainda que gratuitamente, a veiculação de propaganda eleitoral na internet em sítios:

» de pessoas jurídicas, com ou sem fins lucrativos; e

» oficiais ou hospedados por órgãos ou entidades da administração pública direta ou indireta da União, dos Estados, do Distrito Federal e dos municípios.

A inobservância do disposto acima sujeita o responsável pela divulgação da propaganda e, quando comprovado seu prévio conhecimento, o beneficiário à multa no valor de R$ 5.000,00 (cinco mil reais) a R$ 30.000,00 (trinta mil reais).

Fica vedado às pessoas jurídicas descritas abaixo a utilização, doação ou cessão de cadastro eletrônico de seus clientes, em favor de candidatos, partidos ou coligações:

» entidade ou governo estrangeiro;
» órgão da administração pública direta e indireta ou fundação mantida com recursos provenientes do Poder Público;
» concessionário ou permissionário de serviço público;
» entidade de direito privado que receba, na condição de beneficiária, contribuição compulsória em virtude de disposição legal;
» entidade de utilidade pública;
» entidade de classe ou sindical;
» pessoa jurídica sem fins lucrativos que receba recursos do exterior;
» entidades beneficentes e religiosas;
» entidades esportivas;
» organizações não governamentais que recebam recursos públicos; e
» organizações da sociedade civil de interesse público.

A violação das proibições acima sujeita o responsável pela divulgação da propaganda e, quando comprovado seu prévio conhecimento, o beneficiário à multa no valor de R$ 5.000,00 (cinco mil reais) a R$ 30.000,00 (trinta mil reais).

Será punido com a mesma multa quem realizar propaganda eleitoral na internet, atribuindo indevidamente sua autoria a terceiro, inclusive a candidato, partido ou coligação.

Provedor de conteúdo e de serviços multimídia

Aplicam-se também ao provedor de conteúdo e de serviços multimídia que hospeda a divulgação da propaganda eleitoral de candidato, de partido ou de coligação as penalidades previstas para propaganda irregular na internet se, no prazo determinado pela Justiça Eleitoral, contado a partir da notificação de decisão sobre a existência de propaganda irregular, não tomar providências para a cessação dessa divulgação.

O provedor de conteúdo ou de serviços multimídia só será considerado responsável pela divulgação da propaganda, se a publicação do material for, comprovadamente, de seu prévio conhecimento.

O prévio conhecimento poderá, sem prejuízo dos demais meios de prova, ser demonstrado por meio de cópia de notificação, diretamente encaminhada e entregue pelo interessado ao provedor de internet, na qual deverá constar de forma clara e detalhada a propaganda por ele considerada irregular.

A requerimento de candidato, partido, coligação ou Ministério Público, a Justiça Eleitoral poderá determinar a suspensão, por 24 horas, do acesso a todo conteúdo informativo dos sítios da internet que deixarem de cumprir as disposições da Lei n. 9.504/1997, duplicado a cada reiteração da conduta.

Nesta hipótese, deverá ser informando que o sítio se encontra temporariamente inoperante, por desobediência à lei eleitoral.

Propaganda paga em jornais

(art. 27, Res. TSE n. 23.404/2014)

É permitida até a antevéspera da eleição a propaganda paga na imprensa escrita e a reprodução na internet do jornal impresso.

Deve ser observado o limite de até 10 (dez) anúncios, por veículo, em datas diversas, para cada candidato, observando o tamanho máximo por edição:

» 1/8 de página de jornal padrão (tipo "Folha de São Paulo"); e
» 1/4 de página de revista ou tabloide (tipo "Diário Catarinense").

Ao jornal de dimensão diversa do padrão e do tabloide, aplicar-se-á a regra acima, de acordo com o tipo de que mais se aproxime.

O limite de anúncios será verificado de acordo com a imagem ou nome do respectivo candidato, independentemente de quem tenha contratado a divulgação da propaganda.

Deverá constar do anúncio, de forma visível, o valor pago pela inserção.

É autorizada a reprodução virtual das páginas do jornal impresso na internet, desde que seja feita no sítio do próprio jornal, independentemente do seu conteúdo, devendo ser respeitado integralmente o formato gráfico e o conteúdo editorial da versão impressa, atendida a quantidade e tamanho máximo estabelecido.

Não caracterizará propaganda eleitoral a divulgação de opinião favorável a candidato, a partido político ou a coligação pela imprensa escrita, desde que não seja matéria paga, mas os abusos e os excessos, assim como as demais formas de uso indevido do meio de comunicação, serão apurados e punidos nos termos do art. 22 da Lei Complementar n. 64/1990.

A inobservância das regras acima sujeita os responsáveis pelos veículos de divulgação e os partidos políticos, as coligações ou os candidatos beneficiados à multa no valor de R$ 1.000,00 (um mil reais) a R$ 10.000,00 (dez mil reais) ou equivalente ao da divulgação da propaganda paga, se esta for maior.

Debates

(art. 3º, inc. I e 29 a 32, Res. TSE n. 23.404/2014)

É permitida a realização de debates, entre filiados ou pré-candidatos, no rádio, na televisão e na internet, antes de 6 de julho do ano da eleição, inclusive com a exposição de plataformas e projetos políticos, desde que não haja pedido de votos.

Os debates transmitidos por rádio ou televisão serão realizados segundo as regras estabelecidas em acordo celebrado entre os partidos políticos e a pessoa jurídica interessada na realização do evento, dando-se ciência à Justiça Eleitoral.

No primeiro turno das eleições, serão consideradas aprovadas as regras de debates que obtiverem a concordância de pelo menos 2/3 (dois terços) dos candidatos aptos[1], no caso de eleição majoritária, e de pelo menos 2/3 (dois terços) dos partidos ou coligações com candidatos aptos, no caso de eleição proporcional. Inexistindo acordo, os debates transmitidos por emissora de rádio e televisão deverão obedecer as seguintes regras:

» nas eleições majoritárias, a apresentação dos debates poderá ser feita:

a. em conjunto, estando presentes todos os candidatos a um mesmo cargo eletivo;

b. em grupos, estando presentes, no mínimo, 3 candidatos;

» nas eleições proporcionais, os debates deverão ser organizados de modo que assegurem a presença de número equivalente de candidatos de todos os partidos políticos e coligações a um mesmo cargo eletivo, podendo desdobrar-se em mais de 1 dia;

» os debates deverão ser parte de programação previamente estabelecida e divulgada pela emissora, fazendo-se mediante sorteio a escolha do dia e da ordem de fala de cada candidato;

» é assegurada a participação de candidatos dos partidos políticos com representação na Câmara dos Deputados

---

1 São considerados aptos os candidatos filiados a partido político com representação na Câmara dos Deputados e que tenham requerido o registro de candidatura na Justiça Eleitoral. Julgado o registro, permanecem aptos apenas os candidatos com registro deferido ou, se indeferido, que esteja *sub judice*.

e facultada a dos demais. Para este efeito, considera-se a representação de cada partido político na Câmara dos Deputados a resultante da eleição.

Os debates transmitidos na televisão deverão utilizar a Língua Brasileira de Sinais (Libras) ou o recurso de legenda, observadas as regras técnicas aplicáveis.

Será admitida a realização de debate sem a presença de candidato de algum partido político ou de coligação, desde que o veículo de comunicação responsável comprove tê-lo convidado com antecedência mínima de 72 horas da realização do debate.

Se apenas um candidato comparecer ao evento, o tempo previsto para o debate poderá ser destinado à entrevista deste candidato.

No primeiro turno, o debate poderá se estender até as 7h do dia 3 de outubro de 2014 e, no caso de segundo turno, não poderá ultrapassar o horário de meia-noite do dia 24 de outubro de 2014.

Proibição

É vedada a presença de um mesmo candidato à eleição proporcional em mais de um debate da mesma emissora.

A inobservância das regras acima sujeita a empresa infratora à suspensão por 24 horas da sua programação com a transmissão, a cada 15 minutos, da informação de que se encontra fora do ar por ter desobedecido à legislação eleitoral. Em cada reiteração de conduta, o período de suspensão será duplicado.

referências

ABNT – Associação Brasileira de Normas Técnicas. **NBR 14724**: Informação e documentação – trabalhos acadêmicos: apresentação. Rio de Janeiro, 2002.

ACKOFF, R. L. **Planejamento empresarial**. Rio de Janeiro: LTC, 1974.

AGÊNCIA BRASIL. Número de candidatos a prefeitos cresce a cada eleição, aponta Ziulkoski. **O Globo**, 5 out. 2008. Disponível em: <http://goo.gl/Oemj1u>. Acesso em: 24 mar. 2015.

AGÊNCIA ESTADO. Ibope aponta que acesso à internet cresce 3% no 2º trimestre. **Info**, 3 out. 2013. Disponível em: <http://goo.gl/LVeqpr>. Acesso em: 23 mar. 2015.

AHLSTRAND, B.; LAMPEL, J.; MINTZBERG, H. **Safári de estratégia**: um roteiro pela selva do planejamento estratégico. Porto Alegre: Bookman, 2000.

ALBUQUERQUE, A. de. Querem roubar as cores da Bandeira Nacional! Collor e o uso político dos símbolos nacionais no horário gratuito de propaganda eleitoral. In: BRAGA, J. L.; FAUSTO NETO, A.; PORTO, S. (Org.). **Brasil**: comunicação, cultura e política. Rio de Janeiro: Diadorim, 1994.

ALMEIDA, J. **Marketing político**: hegemonia e contra-hegemonia. São Paulo: Fundação Perseu Abramo, 2002.

ANDRADE, C. F. **Marketing**: O que é? Quem faz? Quais as tendências. 2. ed. Curitiba: Ibpex, 2010.

ARNOLD, J. R. T. **Administração de materiais**. São Paulo: Atlas, 1999.

ARSUAGA, J. L. **O colar do neandertal**: em busca dos primeiros pensadores. São Paulo: Globo, 2005.

AZEVEDO, N. Q.; FERREIRA JUNIOR, A. B. **Marketing digital**: uma análise do mercado digital. Curitiba: Intersaberes, 2015.

BACELAR, J. **Apontamentos sobre a história e desenvolvimento da impressão**. 1999. Disponível em: <http://www.bocc.ubi.pt/pag/bacelar_apontamentos.pdf>. Acesso em: 10 mar. 2015.

BAITELLO JÚNIOR, N. Comunicação, mídia e cultura. **São Paulo em Perspectiva**, São Paulo, v. 12, n. 4. 1998, p. 11-16. Disponível em: <http://produtos.seade.gov.br/produtos/spp/v12n04/v12n04_02.pdf>. Acesso em: 10 mar. 2015.

BERLO, D. K. O processo da comunicação. 7. ed. São Paulo: M. Fontes, 1991.

BERNARDES, E.; NETTO, V. Os bruxos das eleições. **Veja**, São Paulo, n. 1564, p. 40-47, set. 1998. Disponível em: <http://veja.abril.com.br/160998/p_040.html>. Acesso em: 10 mar. 2015.

BETHLEM, A. **Estratégia empresarial**: conceitos, processo e administração estratégica. São Paulo: Atlas, 1998.

BLOG Campanha no Ar: Marta lança "morada do idoso" na reta final. **Folha Online**, 21 out. 2008. Disponível em: <http://www1.folha.uol.com.br/folha/brasil/ult96u458598.shtml>. Acesso em: 20 abr. 2010.

BONI, A. P.; MELLO, F. B. de. Candidatos têm planos de governo parecidos, **Folha de S. Paulo**, 17 set. 2008. Disponível em: <http://goo.gl/wZ2hPG>. Acesso em: 24 mar. 2015.

BORDENAVE, J. E. D. O que é comunicação. São Paulo: Brasiliense, 1982.

BRAGA, T. Como se fez um presidente. **Jornal do Brasil**, Rio de Janeiro, Caderno especial, dez. 1989.

BRASIL. Câmara dos Deputados. Projeto de Lei Complementar n. 518, de 29 de setembro de 2009. **Diário Oficial da União**, Brasília, DF, 29 set. 2009. Disponível em: <http://www.camara.gov.br/proposicoesWeb/prop_mostrar integra;jsessionid=9A03F2DB549DF1394 2377CB08D2A0804.proposicoes Web1?codteor=700585&filename=PLP+ 518/2009>. Acesso em: 15 mar. 2015.

BRASIL. Lei n. 9.096, de 19 de setembro de 1995. **Diário Oficial da União**, Poder Legislativo, Brasília, DF, 20 set. 1995. Disponível em: <http://www.planalto.gov.br/ccivil_03/leis/l9096.htm>. Acesso em: 16 mar. 2015.

_____. Lei n. 9.504, de 30 de setembro de 1997. **Diário Oficial da União**, Poder Legislativo, Brasília, DF, 1º out. 1997. Disponível em: <http://www.planalto.gov.br/ccivil_03/leis/l9504.htm>. Acesso em: 10 mar. 2015.

BRASIL. Tribunal Superior Eleitoral. **Eleições 2002**: manual de legislação eleitoral. Brasília, 2002.

_____. **Partidos políticos registrados no TSE**. 27 jan. 2015. Disponível em: <http://www.tse.jus.br/partidos/partidos-politicos/registrados-no-tse>. Acesso em: 14 mar. 2015.

_____. **Propaganda partidária**. 28 dez. 2014. Disponível em: <http://www.tse.jus.br/partidos/propaganda-partidaria>. Acesso em: 16 mar. 2015.

CANDIDATOS à Casa Branca focam campanha em economia. **BBC Brasil**, 22 out. 2008. Disponível em: <http://www.bbc.co.uk/portuguese/reporterbbc/story/2008/10/081022_eleicao_eua_cq.shtml>. Acesso em: 24 mar. 2015.

CARNEIRO, M. Vozes do passado: grampo telefônico envolve Garotinho em pagamento de propina a fiscal da Receita. Veja, São Paulo, n. 1709, jan. 2001. Disponível em: <http://veja.abril.com.br/180701/p_048.html>. Acesso em: 10 mar. 2015.

CHAMPAGNE, P. Formar a opinião: o novo jogo político. Petrópolis, RJ: Vozes, 1996.

CHRISTENSEN, C.; ROCHA, Â. da. Marketing: teoria e prática no Brasil. São Paulo: Atlas, 1999.

CHURCHILL JR., G. A.; PETER, J. P. Marketing: criando valor para os clientes. São Paulo: Saraiva, 2000.

CLASSE A. Os comerciais de TV I: os primeiros 11 jun. 2007. Disponível em: <http://consultoriaclassea.com.br/noticias.asp?id=86&offset=60>. Acesso em: 23 mar. 2015.

COBRA, M. Administração de marketing. São Paulo: Atlas, 1992.

COMERLATTO, T.; KOSTESKI, C.; KUNTZ, R. A. Como ser um candidato vitorioso: os segredos do sucesso para sua campanha eleitoral. São Paulo: Maltese, 1992.

DATAFOLHA. Eleições 1996: Intenção de voto prefeito Rio de Janeiro. 1996. Disponível em: <http://goo.gl/K9nP7w>. Acesso em: 25 mar. 2015.

DIAS, A. Biografia. Disponível em: <http://www.alvarodias.com.br/biografia>. Acesso em: 25 mar. 2015.

EINSTEN. In: Pensador. Disponível em: <http://pensador.uol.com.br/frase/NjI0Mg>. Acesso em: 20 mar. 2015.

FABURGOS. História da comunicação humana. 23 dez. 2007. Disponível em: <http://www.scribd.com/doc/932717/Historia-da-comunicacao-humana>. Acesso em: 10 mar. 2015.

FALCÃO, E.; GRANDI, R.; MARINS, A. (Org.). Voto é marketing... o resto é política. São Paulo: Loyola, 1992.

FERREIRA JUNIOR, A. B.; AZEVEDO, N. Q. Marketing digital: uma análise do mercado 3.0. Curitiba: InterSaberes, 2015.

FERREIRA JUNIOR, A. B.; CENTAS, Supervarejo: uma abordagem prática sobre mercados de consumo. Curitiba: Intersaberes, 2014.

FERREIRA JUNIOR, A. B.; RIEPING, M. iTrends: uma análise de tendências de mercado. Curitiba: Intersaberes, 2014.

FIGUEIREDO, M. et al. Estratégias de persuasão em eleições majoritárias: uma proposta metodológica para o estuda da propaganda eleitoral. In: FIGUEIREDO, R. (Org.). Marketing político e persuasão eleitoral. São Paulo: Fundação Konrad Adenauer, 2000.

FIGUEIREDO, R. (Org.). Marketing político e persuasão eleitoral. São Paulo: Fundação Konrad Adenauer, 2000.

FRACHETTA, A. Eleições nos EUA: a campanha do Obama. 3 maio 2009. Disponível em: <https://solpoliticos.wordpress.com/2009/05/03/eleicoes-nos-eua-a-campanha-do-obama>. Acesso em: 22 mar. 2015.

FRANZOIA, A. P.; FURTADO, B.; FREITAS, R. Luz, câmera, eleição. Época, n. 212, jun. 2002.

FREEMANTLE, D. O que você faz agrada aos seus clientes? São Paulo: Makron Books, 2001.

GALBRAITH, J. K. A anatomia do poder. São Paulo: Pioneira, 1984.

GOMES, N. D. Formas persuasivas de comunicação política: propaganda política e publicidade eleitoral. Porto Alegre: EDIPUCRS, 2000.

HOOLEY, G. J.; PIERCY, N. F.; SAUNDERS, J. A. Estratégia de marketing e posicionamento competitivo. São Paulo: Prentice Hall, 2001.

HOUAISS, A.; VILLAR, M. S. Dicionário Houaiss da língua portuguesa. Rio de Janeiro: Objetiva, 2001.

HUMPHREY, H. H. In: Pensador. Disponível em: <http://pensador.uol.com.br/frase/NTI5>. Acesso em: 20 mar. 2015.

IBOPE – Instituto Brasileiro de Opinião Pública e Estatística. Pesquisas Eleitorais. 2002. Disponível em: <http://www.ibope.com.br/pt-br/conhecimento/historicopesquisaeleitoral/Paginas/default.aspx?k=Anos=2002%20AND%20CargosEleitorais=Presidente> Acesso em: 25 mar. 2015.

IG SÃO PAULO. Chega a 102,3 milhões o número de brasileiros com acesso à internet, 10 jul. 2013. Disponível em: <http://goo.gl/1NSu2y>. Acesso em: 23 mar. 2015.

ITEN, M.; KOBAYASHI, S. Eleição: vença a sua! As boas ideias do marketing político. São Paulo: Ateliê Editorial, 2002.

JAGUARIBE, H. Sociedade, Estado e partidos na atualidade brasileira. Rio de Janeiro: Paz e Terra, 1992.

KATO, M. A. No mundo da escrita: uma perspectiva psicolinguística da alfabetização. 5. ed. São Paulo: Ática, 1995.

KOTLER, P. Administração de marketing: análise, planejamento, implementação e controle. 5. ed. São Paulo: Atlas, 1998.

_____. Princípios de marketing. Rio de Janeiro: LTC, 1999.

KUNTZ, R. A. Manual de campanha eleitoral: marketing político. São Paulo: Global, 1998.

_____. Técnicas para arrecadação de fundos em campanhas eleitorais. São Paulo: Global, 1989.

LAO-TSÉ. In: Pensador. Disponível em: <http://pensador.uol.com.br/frase/ODg0Njk3/>. Acesso em: 20 mar. 2015.

LAS CASAS, A. L. Qualidade total em serviços: conceitos, exercícios, casos práticos. São Paulo: Atlas, 1997.

LEITÓLES, F. Professor Galdino gastou apenas R$ 420 para se eleger vereador. Gazeta do Povo, 6 out. 2008. Disponível em: <http://www.gazetadopovo.com.br/vidapublica/conteudo.phtml?tl=1&id=815360&tit=Professor-Galdino-gastou-apenas-R-420-para-se-eleger-vereador>. Acesso em: 20 abr. 2010.

LEVITT, T. Marketing para desenvolvimento dos negócios. Expansão, São Paulo, v. 3, n. 71, p. 71, out. 1974.

LIMA, M. O. C. de. **Marketing eleitoral.** São Paulo: Ícone, 1998.

LONGENECKER, J. G.; MOORE, C. W.; PETTY, J. W. **Administração de pequenas empresas:** ênfase na gerência empresarial. São Paulo: Makron Books, 1997.

MACHADO, M. M. **História da comunicação humana.** Disponível em: <http://www.infoescola.com/historia/historia-da-comunicacao-humana>. Acesso em: 10 mar. 2015.

MANHANELLI, C. A. **Eleição é guerra:** marketing para campanhas eleitorais. São Paulo: Summus, 1992.

_____. **Estratégias eleitorais:** marketing político. São Paulo: Summus, 1988.

MARKETING FUTURO. **O que é marketing eletrônico?** Disponível em: <http://marketingfuturo.com/o-que-e-marketing-eletronico>. Acesso em: 23 mar. 2015.

MATOS, H. Das relações públicas ao marketing público: (des) caminhos da comunicação governamental. In: CORRÊA, T. G.; FREITAS, S. G. (Org.). **Comunicação, marketing, cultura:** sentidos da administração do trabalho e do consumo. São Paulo: ECA/USP; CLC, 1999a. p. 58-66.

_____. Propaganda governamental e redemocratização no Brasil: 1985-1997. In: ENCONTRO ANUAL DA ASSOCIAÇÃO NACIONAL DE PROGRAMAS DE PÓS-GRADUAÇÃO EM COMUNICAÇÃO – COMPÓS, 8., 1999, Belo Horizonte. Anais... Belo Horizonte: Compós, 1999b.

MAZZON, J. A.; MIRANDA, V. L. V. **Marketing eleitoral: um estudo dos conceitos de marketing e da aplicabilidade dos instrumentos de pesquisa.** 105 f. Dissertação (Mestrado em Administração) – Universidade de São Paulo, São Paulo, 1987.

MAYA, P. C. da C. Marketing: um enfoque interdisciplinar. **Revista de Negócios,** Blumenau, v. 1, n. 1, dez. 1995.

MENEGUELLO, R. Quadro partidário e tendências políticas na Nova República: 1985-1994. In: ENCONTRO ANUAL DA ASSOCIAÇÃO NACIONAL DE PÓS-GRADUAÇÃO EM CIÊNCIAS SOCIAIS – ANPOCS, 28., 1994. Caxambú. Anais... Caxambú: Anpocs, 1994.

METAGOV. **Marketing Político Digital.** 24 jun. 2014. Disponível em: <http://goo.gl/WfJ8fe>. Acesso em: 23 mar. 2015.

MOISÉS, J. Á. **Os brasileiros e a democracia:** bases sociopolíticas da legitimidade democrática. São Paulo: Ática, 1995.

MONTESQUIEU. **Do espírito das leis.** São Paulo: Nova Cultural, 2000.

OLIVEIRA, F. M. C. O marajá super-kitsch. **Novos Estudos Cebrap,** São Paulo, v. 26, p. 5-14, mar. 1990.

PASSADOR, C. S.; PASSADOR, J. L. Redimensionamento do marketing político no Brasil: da era Collor ao governo de FHC. **Revista de Estudos Organizacionais,** Maringá, v. 1, n. 1, p. 71-84, jan./jun. 2000.

PEREIRA, L. C. B. O governo Collor e a modernidade em tempos incertos. **Novos Estudos Cebrap**, São Paulo, n. 29, p. 3-9, mar. 1991.

PIRES, C. Antecedentes históricos da escrita. **Revista Temas**, n. 12, mar. 2003. Disponível em: <http://www.revista-temas.com/contacto/NewFiles/Contacto12.html>. Acesso em: 18 jun. 2014.

PROUDHON, P. In: **Pensador**. Disponível em: <http://pensador.uol.com.br/frase/Njg2Mw>. Acesso em: 20 mar. 2015.

RANKING DOS POLÍTICOS. Disponível em: <http://www.politicos.org.br/#>. Acesso em: 12 mar. 2015.

RB AM. **PRB e PTC têm reuniões hoje. PSDB deve definir o vice de Aécio Neves**. 2014. Disponível em: <http://www.rb.am.br/partidos-politicos-tem-ate-hoje-para-definir-candidatos-e-aliancas>. Acesso em: 15 mar. 2015.

REDE GLOBO DE TELEVISÃO. **Manual básico de mídia**. Rio de Janeiro: Superintendência Comercial, 1998.

REES, L. **Vende-se política**. Rio de Janeiro: Revan, 1995.

REGO, F. G. T. do. Campanha não é apenas TV. **ParanáOnline**, 19 jan. 2003. Disponível em: <http://www.parana-online.com.br/canal/opiniao/news/21050/?noticia=CAMPANHA+NAO+E+APENAS+TV>. Acesso em: 25 mar. 2015.

_____. **Comunicação empresarial, comunicação institucional**: conceitos, estratégias, sistemas, estrutura, planejamento e técnicas. São Paulo: Summus, 1986.

REGO, F. G. T. do. **Cultura, poder, comunicação e imagem**: fundamentos da nova empresa. São Paulo: Pioneira, 1991.

_____. **Jornalismo empresarial**: teoria e prática. São Paulo: Summus, 1987.

_____. **Marketing político e governamental**: um roteiro para campanhas políticas e estratégias de comunicação. São Paulo: Summus, 1985.

_____. O marketing na maior campanha política. **Pressttem Serviços**, São Paulo, v. 2, n. 6, p. 40-43, maio 2002.

RICHERS, R. **Marketing**: uma visão brasileira. São Paulo: Negócio, 2000.

RIES, A.; TROUT, J. **Marketing de guerra**. São Paulo: Mcgraw-Hill, 1986.

RUBIM, A. A. C. De Fernando a Fernando: poder e imagens 1989/1994. In: POLÍTICA, CULTURA E MÍDIA, 1., 1994, Fortaleza. **Anais**... Disponível em: <http://www.facom.ufba.br/sentido/albino.html>. Acesso em: 25 mar. 2015.

SALLUM JUNIOR, B. O Brasil sob Cardoso: neoliberalismo e desenvolvimentismo. **Tempo Social**, São Paulo, v. 11, n. 2, p. 23-47, out. 1999.

SALLUM JUNIOR, B.; GRAEFF, E. P.; LIMA, E. G. de. Eleições presidenciais e crise do sistema partidário. **Lua Nova**, São Paulo, n. 20, p. 69-87, maio 1990.

SANTA RITA, C. **Batalhas eleitorais**: 25 anos de marketing político. São Paulo: Geração Editorial, 2003.

SILVA, W. M. da. **A importância da linguagem corporal com ênfase nas negociações**. 2010. Disponível em:

<http://www.unimep.br/phpg/mostra academica/anais/8mostra/4/211.pdf>. Acesso em: 10 mar. 2015.

SIMÕES, R. **Marketing básico**. São Paulo: Saraiva, 1986.

SPENDOLINI, M. J. **Benchmarking**. São Paulo: Makron Books, 1992.

TO BE GUARANY. **Dados, estatísticas e projeções sobre a Internet no Brasil**. 26 nov. 2014. Disponível em: <http://tobeguarany.com/internet-no-brasil>. Acesso em: 13 mar. 2015.

TOLKIEN, J. R. R. **Senhor dos Anéis**: A sociedade do anel. São Paulo: M. Fontes, 2002.

TOMAZELLI, L. C. **Marketing político**. Porto Alegre: Rígel, 1986.

TORRES, C. **Aprendendo com Barack Obama**: estratégias digitais para as eleições 2010. 8 dez. 2009. Disponível em: <http://www.claudiotorres.com.br/aprendendo-com-barack-obama-estrategias-digitais-para-as-eleicoes-2010>. Acesso em: 22 mar. 2015.

UFRGS – Universidade Federal do Rio Grande do Sul. **Glossário de marketing**. 2005. Disponível em: <http://www.ufrgs.br/termisul/biblioteca/glossarios/Marketing.html>. Acesso em: 24 mar. 2015.

VALVERDE, O. As primeiras pinturas rupestres do mundo foram figuras abstratas e não imagens de animais. Jornal Ciência, Brasília, 16 jun. 2012. Disponível em: <http://goo.gl/xbeOED>. Acesso em 22 mar. 2015.

VELHO, G. A vitória de Collor: uma análise antropológica. **Novos Estudos Cebrap**, n. 26, São Paulo, p. 44-47, mar. 1990.

VETTORI, P. B.; FERREIRA JUNIOR, A. B. **A utilização de mídias sociais como ferramenta de apoio ao marketing promocional na web**. Curitiba, 2013. 14 f. Artigo Científico (Especialista em Gestão Empresarial) – Curso de Pós-Graduação MBA Executivo em Gestão Empresarial, Faculdades Opet.

VIRALIZAR. In: **Dicionário Priberam da Língua Portuguesa**. 2008-2013. Disponível em: <http://www.priberam.pt/dlpo/viralizar>. Acesso em: 22 mar. 2015.

VOX POPULI. **Pesquisa de opinião pública nacional**: Voto, Eleições e Corrupção Eleitoral. 2008. Disponível em: <http://www.amb.com.br/portal/docs/pesquisa/pesquisa_perfil_eleitor.pdf>. Acesso em: 9 mar. 2010.

ZACCARELLI, S. B. **Estratégia e sucesso nas empresas**. São Paulo: Saraiva, 2000.

WEB. In: **Significados.com.br**. 2011-2015. Disponível em: <http://www.significados.com.br/web>. Acesso em: 23 mar. 2015.

WEBER, M. **Ciência e política**: duas vocações. São Paulo: Cultrix, 1968.

WESTWOOD, J. **Plano de marketing**. São Paulo: Makron Books, 1996.

apêndice 1

Empresas e profissionais parceiros que contribuíram a elaboração desta com obra

A2 Comunicação – Agência de Publicidade: <www.a2comunicacao.com.br>.

Agência Fabricatto – Agência de Comunicação e Consultoria: <www.fabriccato.com.br>. Realiza palestras e projetos inovadores para empresas de diversos portes e para todo o país.

Centro Universitário Internacional Uninter – Núcleo de Educação a Distância: <http://www.grupouninter.com.br>.

Equilíbrio Financeiro: <www.equlibriofinanceiro.com.br>. Realiza consultoria e palestras sobre finanças pessoais.

Green Digital: <http://www.greendigital.com.br>. Realiza a implantação de perfis e a divulgação de conteúdo nas principais redes sociais, de acordo com a necessidade do cliente.

LCT Comunicação – Agência especializada em varejo que atua há 15 anos no mercado brasileiro: <http://www.LCTcomunicacao.com.br>.

Sebrae/PR: <www.sebraepr.com.br>. Parceiro do desenvolvimento, o Sebrae/PR oferece soluções e palestras, capacitações e treinamentos em temas variados, como recursos humanos, empreendedorismo, marketing, finanças, gestão estratégica e gestão da qualidade.

Sites

ALVARO DIAS. Disponível em: <www.alvarodias.com.br>. Acesso em: 16 mar. 2015.

BETO RICHA. Disponível em: <www.betoricha.com.br>. Acesso em: 16 mar. 2015.

BRUNO PESSUTI. Disponível em: <www.brunopessuti.com.br>. Acesso em: 16 mar. 2015.

CIA 10 TURISMO. Disponível em: <www.cia10.com.br>. Acesso em: 16 mar. 2015.

ESCOLA DO MARKETING DIGITAL. Disponível em: <www.escolado marketingdigital.com.br>. Acesso em: 16 mar. 2015.

FLY CURITIBA. Disponível em: <www.flycuritiba.com.br>. Acesso em: 16 mar. 2015.

JEAN WYLLYS. Disponível em: <www.jeanwyllys.com>. Acesso em: 16 mar. 2015.

LIVRARIA INTERSABERES. Disponível em: <www.livrariaintersaberes.com.br>. Acesso em: 16 mar. 2015.

NEY LEPREVOST. Disponível em: <www.neyleprevost.com.br>. Acesso em: 16 mar. 2015.

SERGIO SOUZA. Disponível em: <www.sergiosouza1512.com.br>. Acesso em: 16 mar. 2015.

TENDÊNCIA E MERCADO. Disponível em: <www.tendenciaemercado.com.br>. Acesso em: 16 mar. 2015.

WIN WALKER. Disponível em: <www.winwalker.com.br>. Acesso em: 16 mar. 2015.

Hotsites de políticos

ASSEMBLEIA LEGISLATIVA DO PARANÁ. Deputado estadual Adelino Ribeiro. Disponível em: <http://www.alep.pr.gov.br/hotsites/adelino-ribeiro>. Acesso em: 16 mar. 2015.

ASSEMBLEIA LEGISLATIVA DO PARANÁ. Deputado estadual Ademar Traiano. Disponível em: <lce://www.alep.pr.gov.br/hotsites/ademar-traiano>. Acesso em: 16 mar. 2015.

ASSEMBLEIA LEGISLATIVA DO PARANÁ. Deputado estadual Andre Bueno. Disponível em: <http://www.alep.pr.gov.br/hotsites/andre-bueno>. Acesso em: 16 mar. 2015.

ASSEMBLEIA LEGISLATIVA DO PARANÁ. Deputado estadual Anibelli Neto. Disponível em: <http://www.alep.pr.gov.br/hotsites/anibelli-neto>. Acesso em: 16 mar. 2015.

ASSEMBLEIA LEGISLATIVA DO PARANÁ. Deputado estadual Artagão Júnior. Disponível em: <http://www.alep.pr.gov.br/hotsites/artagao-junior>. Acesso em: 16 mar. 2015.

ASSEMBLEIA LEGISLATIVA DO PARANÁ. Deputado estadual Bernardo Carli. Disponível em: <http://www.alep.pr.gov.br/hotsites/bernardo-carli>. Acesso em: 16 mar. 2015.

ASSEMBLEIA LEGISLATIVA DO PARANÁ. Deputada estadual Cantora Mara Lima. Disponível em: <http://www.alep.pr.gov.br/hotsites/cantora-mara-lima>. Acesso em: 16 mar. 2015.

ASSEMBLEIA LEGISLATIVA DO PARANÁ. Deputado estadual Dr. Batista. Disponível em: <http://www.alep.pr.gov.br/hotsites/dr-batista>. Acesso em: 16 mar. 2015.

ASSEMBLEIA LEGISLATIVA DO PARANÁ. Deputado estadual Evandro Junior. Disponível em: <http://www.alep.pr.gov.br/hotsites/evandro-junior>. Acesso em: 16 mar. 2015.

ASSEMBLEIA LEGISLATIVA DO PARANÁ. Deputado estadual Gilberto Ribeiro. Disponível em: <http://www.alep.pr.gov.br/hotsites/gilberto-ribeiro>. Acesso em: 16 mar. 2015.

ASSEMBLEIA LEGISLATIVA DO PARANÁ. Deputado estadual Gilson de Souza. Disponível em: <http://www.alep.pr.gov.br/hotsites/gilson-de-souza>. Acesso em: 16 mar. 2015.

ASSEMBLEIA LEGISLATIVA DO PARANÁ. Deputado estadual Jonas Guimarães. Disponível em: <http://www.alep.pr.gov.br/hotsites/jonas-guimaraes>. Acesso em: 16 mar. 2015.

ASSEMBLEIA LEGISLATIVA DO PARANÁ. Deputado estadual Nelson Luersen. Disponível em: <http://www.alep.pr.gov.br/hotsites/nelson-luersen>. Acesso em: 16 mar. 2015.

ASSEMBLEIA LEGISLATIVA DO PARANÁ. Deputado estadual Nereu Moura. Disponível em: <http://www.alep.pr.gov.br/hotsites/nereu-moura>. Acesso em: 16 mar. 2015.

ASSEMBLEIA LEGISLATIVA DO PARANÁ. Deputado estadual Ney Leprevost. Disponível em: <http://www.alep.pr.gov.br/hotsites/ney-leprevost>. Acesso em: 16 mar. 2015.

ASSEMBLEIA LEGISLATIVA DO PARANÁ. Deputado estadual Paranhos. Disponível em: <http://www.alep.pr.gov.br/hotsites/paranhos>. Acesso em: 16 mar. 2015.

ASSEMBLEIA LEGISLATIVA DO PARANÁ. Deputado estadual Pastor Edson Praczyk. Disponível em: <http://www.alep.pr.gov.br/hotsites/pastor-edson-praczyk>. Acesso em: 16 mar. 2015.

ASSEMBLEIA LEGISLATIVA DO PARANÁ. Deputado estadual Pedro Lupion. Disponível em: <http://www.alep.pr.gov.br/hotsites/pedro-lupion>. Acesso em: 16 mar. 2015.

ASSEMBLEIA LEGISLATIVA DO PARANÁ. Deputado estadual Péricles de Mello. Disponível em: <http://www.alep.pr.gov.br/hotsites/pericles-de-mello>. Acesso em: 16 mar. 2015.

ASSEMBLEIA LEGISLATIVA DO PARANÁ. Deputado estadual Plauto Miró. Disponível em: <http://www.alep.pr.gov.br/hotsites/plauto-miro>. Acesso em: 16 mar. 2015.

ASSEMBLEIA LEGISLATIVA DO PARANÁ. Deputado estadual Rasca Rodrigues. Disponível em: <http://www.alep.pr.gov.br/hotsites/rasca-rodrigues Acesso em: 16 mar. 2015.

ASSEMBLEIA LEGISLATIVA DO PARANÁ. Deputado estadual Tercílio Turini. Disponível em: <http://www.alep.pr.gov.br/hotsites/tercilio-turini>. Acesso em: 16 mar. 2015.

apêndice 2

Top Twitters

@achilesjunior
@AdrianeWerner
@adricony
@ahnao
@Alvarodias_
@andreatila
@Bandnewsfmctba
@bbcbrasil
@Curitiba_PMC
@gustavofruet
@beaqueiroz
@benhurgaio
@betoricha
@brunopessuti
@carlosbettes
@cemporcentoimoveis
@clovisvc
@cqc__
@criativospr
@Curitiba_PMC
@deborajordao
@editoraintersaberes
@eduardodomit
@empreendemia
@estrategiadig
@exame_com
@fabioaguayo
@fcccuritiba
@saguille
@errosdemkt
@JornalOGlobo
@RADIOVOXORG
@amastha
@MRequiaoFilho
@OABPR
@OABDF_oficial
@marcofeliciano
@VEJA
@OdeCarvalho
@RachelSherazade

@RomarioOnze
@DepBolsonaro
@rafaelgreca15
@_sergiosouza
@Francischini_
@EduardoJorge43
@silva_marina
@marlosferreira
@felipeharmata
@gilgiardelli
@Globofmweb
@gpcon
@grupouninter
@historyBR
@JHoje
@JorgeBernardi
@joseserra_
@laraselem
@marcelotas
@marthagabriel
@martinsheitor
@medialogueBR
@Midiatismo
@missmaura
@mrieping
@narradorVOZ
@Neyleprevost
@neyqueiroz

@ninocarvalho
@olhardigital
@omelhordomkt
@OscarFilho
@Paulalas
@paulorink
@pessuti (política)
@pier_p (política)
@ProfCastanheira
@ProfFarinhas
@proxxima
@prtomaz
@rafaelmiashiro
@rzimermann
@SandraTurchi
@Sen_Cristovam
@showdavida
@SporTV
@TEsportes
@TiagoLeifert
@tiodino
@TransitoUrbs
@uninter
@urbenauta
@valtercarretas
@viagemeturismo
@vj_pp
@walterlongo

@WilsonPicler
@WLamarca
@wpicler
@zdoficial
@FolhaPolitica
@_sergiosouza
@PoliticaRede
@raqcozer
@Fangelico
@ricardolombardi
@msoares
@kikacastro
@NilsonLage
@zerotoledo
@kennedyalencar
@veramagalhaes
@renataloprete
@valmorStedile
@duarte_nogueira
@AecioNeves
@silva_marina
@Ronaldo
@Prof_Anastasia
@jpimentadaveiga
@Francischini_
@roniwandall
@YouTube
@brunomeirinho

@deputadamanuela
@mercadante
@alvarofdias
@SenCesarBorges
@cris_buarque
@Delcidio
@Sen_Cristovam
@paulopaim
@RaimundoColombo
@TassoJer
@valter_pereira
@abelardolupion
@DeputadoBiffi
@antonioroberto
@aamadeira
@drrosinha
@edsonaparecido
@eduardodafonte
@efraimfilho
@depfelipemaia
@gabeiracombr
@FlavioDino
@lucianagenro
@deputadocaiado
@verppaulo
@rafaeldalcin
@renatabueno
@rickteixeira

@robprudencio
@robertotripoli
@Samuellucas33
@ticokuzma
@sjpinhais
@Virmondes
@wfeldman
@betoalbuquerque
@adilsonamadeu
@jonnystica
@joseserra_
@legislativoPR
@saudepr
@confuciomoura
@noticiasdoacre
@governoamazonas
@agecom
@governomg
@agenciaminas
@governosp
@GovernoRO
@eduardopaes_
@PrefeitoCaetano
@marciarosa
@odelmoleao
@requiaopmdb
@AdamantinaSP
@prefbalcamboriu

@SenCesarBorges
@Delcidio
@SenadoraFatima
@FlavioArnsPR
@flexaribeiro
@garibaldifilho
@inacioarruda
@joaopedrosenado
@joseagripino
@marconiperillo
@Marisa_Serrano
@RosalbaCiarlini
@Serys
@valter_pereira
@pmbrusque
@caraguaoficial
@guairasp
@pscnacional
@ratinho_jr
@PrefeituraMogi
@PPeruibe
@prefeituraSP
@governotubarao
@prefeituaudi
@prefeituraviana
@prefeituraserra
@msinfluenzaa
@deputadoroveda

@CanzianiAlex
@AlfredoKaefer
@angelovanhoni
@assisdocouto
@pastortakayama
@osmar_serraglio
@drrosinha
@ricardobarrospp
@rrloures
@AgenciaCamara
@blog_do_aloysio
@AndreaMatarazzo
@TRTSP
@blogpetrobras
@ExBlogCesarMaia
@fabiano_c
@gleisi
@ibereferreira
@LucianoRezende
@secrpedropaulo
@CulturaRJ
@SoninhaFrancine
@wfeldman
@CulturaGovBr
@TrabalhoGovBr

Partidos políticos presentes no Twitter®

PSDB-SP – @psdbsp

PSDB Jovem – @psdbjovem

PSDB-MG – @psdbmg

PV – @partidoverde

PV Bauru-SP – @pvbauru

PV-SC – @partidoverdesc

PT-PI – @ptpiaui

PT-CE – @ptceara

Juvetude Democratas – @juventudedem

PTB – @ptb14

PPS – @pps23

anexo

Ranking de políticos brasileiros[1]

Senadores mais atuantes

		Pontuação inicial	Presença nas sessões	Privilégios	Participação Pública	Processos judiciais	Outros	Qualidade Legislativa	Pontuação
1º	Cristovam Ricardo Cavalcanti Buarque (Cristovam Buarque) Senador - PDT	200	Não disponível	70	40	0	10	119	449
2º	Fernando de Souza Flexa Ribeiro (Flexa Ribeiro) Senador - PSDB	200	Não disponível	-55	0	0	20	269	434
3º	Maria do Carmo do Nascimento Alves (Maria do Carmo Alves) Senador - DEM	200	Não disponível	-10	0	0	20	155	410
4º	Kátia Regina de Abreu (Kátia Abreu) Senador - PSD	200	Não disponível	-20	0	0	10	160	350
5º	Aloysio Nunes Ferreira Filho (Aloysio Nunes Ferreira) Senador - PSDB	200	Não disponível	25	-10	0	0	129	344

---

[1] Informações extraídas de: RANKING DOS POLÍTICOS. Disponível em: <http://www.politicos.org.br/#>. Acesso em: 12 mar. 2015.

			Pontuação Inicial	Presença nas sessões	Privilégios	Participação Pública	Processos judiciais	Outros	Qualidade Legislativa	Pontuação
6º		José Pedro Gonçalves Taques (Pedro Taques) Senador - PDT	200	Não disponível	25	70	0	20	27	342
7º		Alvaro Fernandes Dias (Alvaro Dias) Senador - PSDB	200	Não disponível	55	20	0	-10	61	326
8º		Ataides de Oliveira (Ataides Oliveira) Senador - PROS	200	Não disponível	75	10	0	0	37	322
9º		Ivonete Dantas Silva (Ivonete Dantas) Senador - PMDB	200	Não disponível	95	0	0	10	4	309
10º		Jarbas de Andrade Vasconcelos (Jarbas Vasconcelos) Senador - PMDB	200	Não disponível	-50	10	0	10	138	308
11º		Gleisi Helena Hoffmann (Gleisi Hoffmann) Senador - PT	200	Não disponível	95	0	0	20	-8	307
12º		Aécio Neves da Cunha (Aécio Neves) Senador - PSDB	200	Não disponível	20	0	0	10	57	287
13º		Wilder Pedro de Morais (Wilder Morais) Senador - DEM	200	Não disponível	75	-10	0	20	0	285
14º		José Sarney (José Sarney) Senador - PMDB	200	Não disponível	75	-50	-25	-10	94	284
15º		Ricardo de Rezende Ferraço (Ricardo Ferraço) Senador - PMDB	200	Não disponível	30	0	0	-20	70	280

Deputados federais mais atuantes

			Pontuação Inicial	Presença nas sessões	Privilégios	Participação Pública	Processos judiciais	Outros	Qualidade Legislativa	Pontuação
1º		José Antônio Machado Reguffe (Reguffe) Deputado Federal - PDT	200	100	95	60	-25	20	68	518
2º		Arlindo Chignalia Junior (Arlindo Chinaglia) Deputado Federal - PT	200			20	0	20	121	421
3º		Luiz Barbosa de Deus (Luiz de Deus) Deputado Federal - DEM	200	80		0	0	0	77	412
4º		Felipe Catalão Maia (Felipe Maia) Deputado Federal - DEM	200	5	-15	10	0	10	189	399
4º		Cláudio Cajado Sampaio (Claudio Cajado) Deputado Federal - DEM	200	25	-20	0	0	10	184	399

		Pontuação Inicial	Presença nas sessões	Privilégios	Participação Pública	Processos judiciais	Outros	Qualidade Legislativa	Pontuação
6º	Vanderlei Macris (Vanderlei Macris) Deputado Federal - PSDB	200	50	-30	0	0	20	156	396
7º	Jorge Catarino Leonardell Boeira (Jorge Boeira) Deputado Federal - PP	200	0	100	0	0	10	68	378
8º	Roberto Policarpo Fagundes (Policarpo) Deputado Federal - PT	200	95	Insira um URL	0	0	20	12	372
9º	Fábio Ricardo Trad (Fábio Trad) Deputado Federal - PMDB	200	90	15	10	0	0	54	369
10º	Luiz Carlos Pietschmann (Luiz Pitiman) Deputado Federal - PSDB	200	75	45	-25	0	10	54	359

respostas

Capítulo 1
Questões para revisão
1. a
2. d
3. c
4. O emissor da mensagem, o receptor, a mensagem em si, o canal de propagação, o meio de comunicação, a resposta (*feedback*) e o ambiente no qual o processo comunicativo acontece.
5. Trata-se da comunicação que não é feita por palavras faladas ou escritas. São utilizados símbolos (sinais, placas, logotipos, ícones), os quais são constituídos de formas, cores e tipografias que, combinadas, transmitem uma ideia ou mensagem.

Capítulo 2
Questões para revisão
1. b
2. a
3. b
4. Segurança, saúde, educação, melhoria das condições de vida.
5. Foi com um refrão forte e com um triciclo e depois de gastar apenas R$ 420,00 que o Professor Galdino (candidato, então, do PV, atualmente no PSDB) elegeu-se para vereador em Curitiba nas eleições de 2008. E não foi simplesmente eleito: Galdino recebeu uma margem significativa de votos: 11.736 (6º colocado entre todos os vereadores).

Na sua campanha, usou como estratégia caminhar e pedalar pela cidade (Curitiba) cantando seu *jingle* (no triciclo havia uma caixa de som que reproduzia a música). O candidato distribuía santinhos e conversava com a população. Assim, com uma proposta em que dizia ter como prioridades a saúde e a educação, esse paranaense de Ivaí saiu vitorioso em sua terceira candidatura. Fora candidato em 2004 a vereador, quando obteve 1.612 votos, e em 2006 concorreu como candidato à Assembleia Legislativa Estadual (PR), ocasião em que conseguiu 12.206 votos, os quais não foram suficientes para que fosse eleito na época.

Capítulo 3

Questões para revisão

1. d
2. b
3. b
4. Concorre para o bom andamento das atividades no processo de traçar um percurso para um determinado empreendimento ou projeto; também sinaliza e orienta os instrumentos que podemos utilizar para antecipar as ações direcionadas para a realização de um determinado objetivo.
5. Realizar pesquisa de marketing dentro e fora da empresa – no caso do candidato, com seus possíveis eleitores; fazer suposições; fazer previsões; estabelecer objetivos de marketing; gerar estratégias de marketing; definir

programas; determinar orçamentos.

Capítulo 4
Questões para revisão
1. a
2. b
3. d
4. Tendo em mente os fatores do cenário eleitoral, é necessário que o candidato crie uma identidade própria. Quando o eleitor capta a ideia central de um candidato, ele começa a entrar no sistema de signos da campanha, fator que funcionará como indutor importante na decisão de voto. É necessário também que o candidato seja capaz de arregimentar grupos de trabalho voluntários, porque essas pessoas têm capacidade de trabalhar diretamente com o eleitor, com seus vizinhos, com parentes, enfim, diretamente com aqueles com os quais têm afinidades. É por isso que em alguns partidos políticos não existem cabos eleitorais pagos, mas militantes.
5. Considere que, para atingir esse objetivo, a mídia não deve ter limites de criação. Os limites são de ordem legal, moral, ética e religiosa. Como limite de ordem religiosa, por exemplo, destacamos o fato de que na Índia não se faz propaganda de hambúrgueres de carne bovina e em países de maioria muçulmana não se faz propaganda de produtos de origem suína.

Capítulo 5
Questões para revisão
1. c
2. a
3. b
4. Resposta pessoal.
5. A produção da imagem social nacional de Collor, incluindo sua equipe de influência

política, esteve o tempo todo relacionada à participação das mídias. A rigor, Collor se apresentou como um produto, em especial por meio das mídias. Com essa finalidade, Collor e seus companheiros recorreram a todos os dispositivos e acessórios midiáticos disponíveis: pesquisas, estratégias comunicativas, mobilização, planejamento etc.

sobre o autor

Achiles Batista Ferreira Junior é autor de sete livros nas áreas de marketing, gestão, planejamento e tecnologia; além desta obra, destacamos: *As ferramentas da informática para secretariado executivo* (2002), *O uso e aplicação da informática para a gestão empresarial* (2003), *O desenvolvimento e lançamento de produtos* (2004), *Itrends: análise e tendências de mercado* (2014), *Supervarejo: uma abordagem prática sobre mercados de consumo* (2014), *Marketing digital: uma análise do mercado digital* (2015). É também autor de oito *e-books* sobre marketing promocional, marketing internacional, marketing de serviços e gestão empresarial e de varejo. Também assina vários artigos na área de marketing, gestão e tecnologia.

Foi coordenador da Pós MBA Opet no período de 2008 a 2013, coordenador dos cursos de MBA em Administração Pública e Gerência de Cidades, MBA em Marketing Político e Gerenciamento de Campanhas Eleitorais e coordenador adjunto de EaD do Curso Superior Tecnológico em Gestão Pública do Centro Universitário Internacional Uninter.

Atualmente, é coordenador e professor do CST EAD Marketing e Comércio Exterior no Centro Universitário Uninter e, na mesma instituição, é coordenador da Pós EAD MBA em Administração em Marketing, Administração em Planejamento e Gestão, Administração em Gestão de Projetos, Administração em Qualidade, Administração em Logística, Administração em Gestão do Conhecimento, Administração em Agronegócios e Biotecnologia, Administração em Gestão de Varejo, Administração em Terceiro Setor, Administração em Finanças e Administração em Negócios Internacionais, além de professor convidado em cursos de pós-graduação de várias instituições de ensino superior (Opet, Universidade Positivo, UniCuritiba, UniBrasil, Ibpex, Uniarp), apresentador do programa *Tendência e Mercado*, palestrante e consultor de empresas na área de marketing com atuação em todo o Brasil e membro do Grupo de Pesquisa em Ensino a Distância Abed.

O autor é bacharel em Tecnologia da Informática e em Administração de Empresas (UTP), tem MBA em Administração de Marketing, especialização em Metodologia do Ensino Superior pela Fundação de Estudos Sociais do Paraná (Fesp), especialização em Educação Tecnológica e em Novas Mídias pelo Instituto Brasileiro de Pós-Graduação e Extensão (Ibpex), especialização em Pedagogia Empresarial e Educação Corporativa (Uninter/EC), especialização em Formação de Docentes e Tutoria EaD (Uninter), além de MBA em Administração Pública e Gerência de Cidades

(Ibpex). Também é mestre em Gestão de Negócios pela Universidade Federal de Santa Catarina (UFSC) e doutorando em Tecnologia e Cidades Criativas (Creative Cities) pela Universidade Tecnológica Federal do Paraná (UTFPR).

Para entrar em contato com o autor:

Twitter®: @achilesjunior
Instagram: @achilesjunior
LinkedIn®: @achilesjunior
Lattes: <http://lattes.cnpq.br/9740416057665125>
Sites: <www.tendenciaemercado.com.br> e <www.achilesjunior.com.br>.

Os papéis utilizados neste livro, certificados por instituições ambientais competentes, são recicláveis, provenientes de fontes renováveis e, portanto, um meio sustentável e natural de informação e conhecimento.

FSC
www.fsc.org
MISTO
Papel produzido a partir de fontes responsáveis
FSC® C057341

Impressão: Log&Print Gráfica & Logística S.A.
Abril/2021